공중으로 날아서 대피!? **빨강오징어** ▶P.31

포식자를 따돌리는 화려한 점프 **임팔라** ▶P.27

맹수도 두려워하는 독
그린앤블랙다트개구리 ▶P.56

물 위를 달려 도망친다!
바실리스크이구아나 ▶P.60

M!OVE 알아보자!
자연에서 살아남기 대작전

생물에게는 대부분 천적이 존재합니다. 그렇기에 제각기 잡아먹히지 않기 위한 비장의 기술을 갖고 있지요. 여기서는 그중에서도 주목할 만한 생물의 살아남기 수단을 소개합니다. 각각의 생물에 관한 자세한 정보는 본편에서 즐겨 주세요.

독이 있는 척! 의태 **우유뱀** ▶P.76

극한의 숨바꼭질! 투명한 몸
큰날개매미충 무리 ▶P.79

모이면 별로 무섭지 않아 **바다코끼리** ▶P.107

움직이는 도감
MOVE
생물의 불가사의

감수
우에다 게이스케
릿쿄대학 명예 교수
(이학 박사)

움직이는 도감 MOVE! 생물의 불가사의

'살아 있는 화석', 주름상어가 나타났다!

아주 옛날부터 거의 모습을 바꾸지 않고 살아 있는 생물을 '살아 있는 화석'이라고 불러요. 원시적인 상어인 주름상어도 그중 하나로, 아래 사진은 일본의 누마즈라는 지역에서 포획된 주름상어예요. 이 책에서는 102쪽에 등장해요.

미지의 세계로 여행을 떠나자!

약 40억 년 전, 지구에 생명이 탄생한 이래로 생물은 다양하게 진화해 왔어요. 세균, 조류(藻類), 종자식물, 갑각류, 곤충류, 어류, 양서류, 파충류, 조류(鳥類), 포유류 등 현재 이름이 지어진 생물만도 약 175만 종에 달하죠. 하지만 이건 전체 생물의 극히 일부에 지나지 않아요. 미지의 생물을 포함하면 약 1억 종은 존재한다고 주장하는 과학자도 있어요.

그리고, 이 터무니없이 많은 생물들은 모두 서로 영향을 주고받으며 생태계를 구성해 살아가고 있어요. 우리 인간도 예외가 아니죠.

근래 과학 기술의 진보로 6,500m의 심해를 헤엄치는 유인 잠수 조사선, 인간의 눈으로는 볼 수 없는 작은 생물도 관찰할 수 있는 전자 현미경, 동물들의 움직임을 정확하게 기록하는 바이오로깅 등 생물의 관찰 방법이 비약적으로 진보했어요. 그리고 인간의 상상을 뛰어넘는 대발견이 계속해서 이어지고 있죠. 이를테면 심해를 헤엄치는 대왕오징어 영상 등은 생생한 기록이에요.

이 책에서는 그런 '불가사의'가 넘치는 생물의 세계를 소개해요. 제가 주목하는 주제별로 최신 과학 데이터를 소개하며 생물의 불가사의에 다가갔으면 해요.

저는 50년간 생물들의 불가사의를 쫓았어요. 마치 도착지가 없는 여행을 계속하는 나그네처럼 생물들을 쫓아 연구를 계속하고 있죠.

이 책을 읽는 여러분은 저와 마찬가지로 미지의 세계를 목표로 하는 나그네겠지요. 이 세계가 불가사의로 가득 차 있다는 걸 알고 있을 거예요.

자, 아직 보지 못한 대발견을 쫓아 경이로운 생물들의 세계로 출발해 봐요!

릿쿄대학 명예 교수(이학 박사) **우에다 게이스케**

이 책을 보는 법

우에다 박사의 포인트!
우에다 박사님이 알기 쉽게 해설해 줘요. 여기를 먼저 읽으면 두 배로 재미있죠!

데이터를 보는 법
- 크기
- 사는 곳
- 먹이

Q&A
이 책에는 다양한 생물에 관한 질문이 실려 있어요. 그 질문들에 우에다 박사님이 명쾌하게 답해 줘요.

CONTENTS

움직이는 도감 MOVE 생물의 불가사의

왜 이렇게 커졌을까?
놀라운 거대 생물! 8

멸종한 왕들
환상의 거대 생물 14

육상의 왕은 누구?
지상 최강 결정전 34

야생의 운동선수
달린다! 16

생물의 비밀이 보인다!
골격의 신비 20

생물의 놀라운 기술
사냥 필살기 38

하늘을 나는 건 새나 곤충뿐만이 아니야!
날다! 30

더 높이, 더 멀리!
점프! 24

눈에 보이지 않는 괴물들
마이크로의 세계 44

도구를 사용하는 동물들
도구의 달인 48

방심하면 당한다!
독 56

생물들의 비기!
닌자 60

생물들의 독특한 양육법
야생의 양육 기술 64

놀라운 진화를 이룬
갈라파고스 제도의 생물 52

일격필살!
발전 생물 68

위기가 닥친다!
위협하라 70

모방하는 동물들
의태 74

어째서일까……!?
투명 동물 78

빛이 닿지 않는 신기한 세계
심해 생물 82

바다의 왕은 누구?
수중 최강 결정전 88

밤에 노린다!
어둠의 사냥꾼 90

믿기지 않는 생명력
극한 생물 94

지하 세계에서 발견!
동굴에 살다 100

고대부터 변함없는 모습
살아 있는 화석 102

압도적인 대집단
거대한 무리 106

동물들의 신비한 생활
바이오로깅
112

불가사의한 왕국
생물들의 사회
116

그 구조에 비밀이!
야생의 건축 장인
120

마음이 서로 통한다
커뮤니케이션
124

생물들을 모방하다!
바이오미미크리
130

함께 생각하자!
생물들의 미래는?
138

모습을 감춘 생물들
멸종 생물
134

색인 140

왜 이렇게 커졌을까?

놀라운 거대 생물!

놀라운 거대 생물!

우에다 박사의 포인트!

큰 건 좋은 일이에요! 몸집이 거대하면 살아가는 데 있어 좋은 점이 아주 많아요. 그중에서도 가장 좋은 건 적이 줄어드는 것이죠. 몸집이 큰 동물은 꽉 물려도 거의 피해가 없어요. 또 허기에도 강해지죠. 한동안 먹을 게 없어도 괜찮답니다. 몸집이 작은 생물은 바로 아사하는 상황 속에서도, 커다란 몸집의 생물은 비축한 영양분으로 견디며 살 수 있어요. 하지만 커다란 몸을 유지하기 위해서는 많은 양의 음식을 섭취해야만 해요.

남아프리카 공화국의 사파리 공원에서 코끼리가 차에게 장난을 치고 있어요!

데이터를 보는 법 : ■크기 ■사는 곳 ■먹이

아프리카코끼리

지상에서 가장 큰 동물이에요. 수컷 중 큰 개체는 몸길이 7.5m, 지면에서 어깨까지의 높이가 4m에 달해요. 몸무게는 7.5톤이나 돼요. 이 커다란 몸을 유지하기 위해 매일 100~300kg의 나뭇잎이나 풀을 먹어야 해요.

- 6~7.5m
- 아프리카
- 잎, 뿌리, 나무껍질, 풀, 열매

Q 아프리카코끼리는 왜 귀가 큰가요?

A 아프리카코끼리가 서식하는 사바나는 기온이 아주 높아질 때가 있어요. 커다란 귀에는 혈관이 잔뜩 있어서, 귀를 팔랑팔랑 움직여 혈액을 식히고 체온을 낮춰요.

Q 아프리카코끼리는 육식 동물보다 강한가요?

A 몸무게가 7.5톤에 달하는 아프리카코끼리를 공격해 포식하는 동물은 없어요. 코끼리의 피부는 아주 두꺼워 사자 한 마리가 문다 해도 이빨이 박히지 않죠. 반대로 사자는 방심하면 거대한 다리에 밟혀 뭉개질 위험이 있어요.

놀라운 거대 생물!

대문어
차가운 바다에 사는 거대한 문어예요. 최대 몸길이 9.1m, 몸무게 272kg이라는 기록이 있고, 평균 몸길이는 3m, 몸무게는 50kg씩이나 돼요. 아주 크기 때문에 작은 상어를 먹히기도 해요.
- 3~5m
- 북태평양
- 새우, 게, 물고기 등

Q 세계에서 가장 큰 동물은 무엇인가요?

A 대왕고래예요. 가장 큰 기록은 몸길이 33m, 몸무게 199톤이에요. 공룡 시대를 포함해 역사상 가장 큰 동물이라는 설이 있어요. 물에서는 부력 덕분에 무거운 몸을 지탱하지 않아도 되고, 그래서 이렇게까지 거대할 수가 있는 거죠. 또, 태어난 새끼도 거대해서 몸무게가 2톤에 달한다고 해요. 성체 대왕고래는 하루에 4~8톤의 크릴을 먹어요.

자이언트웨타
몸무게가 가장 무거운 곤충 중 하나예요. 뉴질랜드 섬에 서식하는 거대한 메뚜기이며 여러 종이 알려져 있어요. 큰 건 몸길이 9cm, 몸무게는 70g이 넘어요.
- 약 9cm
- 뉴질랜드
- 식물, 곤충

북극곰
지상에서 가장 큰 육식 동물이에요. 수컷은 몸길이 2.5m, 몸무게 800kg에 달해요. 북극 생태계의 정점에 선 동물로서 때로는 사람을 공격하기도 해요. 주로 물범을 사냥해 먹어요.
- 1.6~2.5m(수컷), 1.8~2m(암컷)
- 북극권
- 해양 동물, 대형 포유류, 새

Q 추운 지방에 서식하면 몸이 커지나요?

A 포유류는 체온을 일정하게 유지하지 않으면 살 수 없어요. 컵에 담긴 물은 금방 식지만, 욕조에 담긴 물은 잘 식지 않는 것처럼 동물의 몸도 클수록 열을 잘 빼앗기지 않는다고 해요. 그래서 추운 지방에 사는 동물은 몸이 커지는 경향이 있어요. 이를 '베르크만의 법칙'이라고 해요.

아프리카코끼리 몸길이 **7.5m**

10 데이터를 보는 법: ■크기 ■사는 곳 ■먹이

대왕고래
아주 거대해서 사람을 제외하면 천적이 없어요. 수명도 상당히 길어서 100년 이상 사는 개체도 있어요. 범고래가 천적이라는 말도 있지만, 노려지는 건 새끼나 약해진 개체가 대부분이에요. 커다란 입은 열면 지름 10m에 달하며, 한 번에 80톤의 바닷물을 삼킬 수 있어요.
- 25m(수컷), 27m(암컷) ● 전 세계의 바다
- 크릴, 플랑크톤, 물고기

아나콘다
세계에서 가장 무거운 뱀이에요. 몸무게가 100kg을 넘기도 하며 가장 긴 개체는 9m에 달했다는 기록이 있어요. 감는 힘이 강력해서 악어나 재규어도 휘감아 죽이고 먹어요.
- 6~9m ● 남아메리카 북부
- 물고기, 양서류, 파충류, 포유류

장수거북
세계에서 가장 큰 거북으로 등딱지의 길이가 2m 가까이 돼요. 커다란 몸은 추위에도 강하며, 차가운 북극해를 회유하기도 해요.
- 1.2m~1.9m
- 태평양, 대서양, 인도양
- 해파리 등

크기를 비교해 보자!

- 대왕고래 몸길이 **33m**
- 신칸센 E5계 선두 차량 전체 길이 **26.5m**
- 장수거북 등딱지 길이 **1.9m**
- 아나콘다 전체 길이 **9m**

놀라운 거대 생물!

Q. 세계에서 가장 큰 나무는 무엇인가요?

A. 미국 캘리포니아주에 있는 '셔먼 장군나무'라고 불리는 거삼나무가 세계에서 가장 큰 나무로 알려져 있어요. 수령(나이) 2,000년 이상, 높이 83.8m, 최대 지름 11.1m, 부피 1,487㎥로 지구상에서 가장 거대한 생명체이기도 해요.

높이 83.8m!
수령 3,200년!

포르지언트리지 콜린스 이 나무도

거삼나무
자이언트세쿼이아라고도 불리는 별명으로도 알려진 침엽수예요. 미국의 서해안에 있는 시에라네바다산맥에 있어요. 세쿼이아 킹스캐니언국립공원에는 거대한 거삼나무가 우거져 있어요.
▶ 북아메리카 서부

사와로선인장
백경주선인장이라고도 불리는, 나무 높이나 크기처럼 자라는 큰 선인장으로, 높이가 20m 이상까지 자라기도 해요. 성장 속도가 아주 느려서 이 정도 자라기까지 200년 가까이 걸린다고 해요. 아메리카의 사막지대에 자생해요.
▶ 북아메리카 남부

아모르포팔루스 티타눔
높이 3.5m, 지름 1.5m에 달하기도 해요. 작은 꽃이 전부 모여 하나의 꽃을 이뤄요. 인도네시아의 수마트라섬 정글에 자라며, 주 역할 썩은 냄새를 풍겨 '시체꽃'이라고도 불러요.
▶ 인도네시아(수마트라섬)

세이셸야자의 씨앗
세계에서 가장 큰 씨앗이에요. 세이셸 제도에만 자생하는 고유종으로, 씨앗의 무게가 30kg 이상이에요. 해를에 실려 씨앗이 운반되다고 해요.

바오바브나무
아프리카, 마다가스카르섬 등에 자생하는 거무이에요. 높이 20m 이상, 지름 10m에 달하기도 해요.
■ 아프리카, 마다가스카르섬, 오스트레일리아

아마존빅토리아수련
잎의 지름 2m, 면적 3.5m²로 세계에서 가장 커요. 물에 떠 있는 잎에 아기가 타도 가라앉지 않아요.
■ 브라질(아마존강 유역)

자이언트라플레시아
다른 식물에 기생하는 나무로도 해요. 지름 1m에 달하는 커다란 꽃을 피워요. 꽃 하나의 무게가 7kg이나 되지요. 북부 미개척지대에서 크고 둥근 봉오리 상태의 잎과 우뚝 솟은 열매를 내며, 꽃 피우며 파리들을 유인해 꽃가루를 운반하게 해요.
■ 동남아시아

Q 왜 줄기에 가지가 없나요?

A
눈에 잘 띄는 두꺼운 줄기는 많은 양의 수분을 저장하는 구조로 되어 있어요. 가지와 잎은 수분이 나오기 쉬워서 아랫부분에는 자라지 않아요.

멸종한 왕들
환상의 거대 생물

우에다 박사의 포인트!

지구상에 생물이 등장한 지 약 40억 년. 거대한 공룡들이 멸종한 후의 시대에도 상상을 뛰어넘는 다양한 초거대 생물이 서식했어요. 하지만 이 거대 생물들은 모두 멸종해 지금은 화석으로만 그 존재를 확인할 수 있어요.

Q 남아메리카에 서식하던 거대 생물은 왜 멸종했나요?

A 메가테리움과 스밀로돈이 발견된 남아메리카에는 거대 생물이 많이 살았어요. 하지만 지각 변동에 의해 남아메리카와 북아메리카의 육지가 이어져서 인류가 남아메리카로 건너오게 됐어요. 이 인류가 거대 생물을 사냥해 모든 개체가 멸종했다는 설이 있어요. 하지만 자세한 건 알려지지 않았어요.

메갈로돈

약 1,500만 년 전 바다에 서식했던 거대한 상어예요. 가장 큰 건 몸길이 18m에 달하죠. 주된 먹이는 고래였으며, 고래 화석에서 메갈로돈의 것으로 추정되는 이빨 자국이 발견되었어요. 약 200만 년 전에 멸종해 버렸는데, 원인은 수온이 낮아진 것 때문, 경쟁자였던 범고래가 나타났기 때문이라는 등 다양한 가설이 있어요.
- 약 18m
- 전 세계의 따뜻한 바다
- 고래

▶메갈로돈의 거대한 이빨 화석.

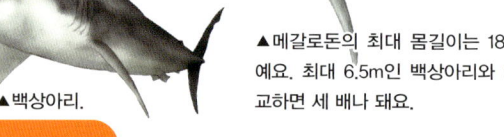
▲백상아리.

▲메갈로돈의 최대 몸길이는 18m예요. 최대 6.5m인 백상아리와 비교하면 세 배나 돼요.

Q 코끼리의 선조는 어떤 생물인가요?

A 플라티벨로돈은 어깨까지의 높이가 약 2.5m에 달하는 원시 코끼리류예요. 아래턱의 이빨이 평평하고 삽처럼 되어 있어서 늪의 식물 뿌리 등을 파내 먹었던 것으로 여겨져요.

▲플라티벨로돈.

칼리코테리움

약 2,000만 년 전에 존재했어요. 몸길이는 2m이고 말과 가까운 동물이에요. 앞다리가 아주 길며 발톱이 있어, 일어선 채 발톱으로 나뭇가지를 잡아당겨 잎을 먹은 것으로 여겨져요.
- 약 2m
- 유럽, 아시아, 아프리카
- 나뭇잎

14 데이터를 보는 법 : ■크기 ■사는 곳 ■먹이

Q 일부 뼈만으로 어떻게 전체 모습을 알 수 있나요?

A 뼈가 붙는 각도를 계산해 발굴한 뼈를 조립하면 전체 모습을 유추할 수 있어요. 또한, 근육이 붙는 방식 등을 연구하여 생전의 모습을 복원할 수 있죠. 우선 뼈 화석이 많이 발견되는 것이 정확한 모습을 유추하는 데 있어 중요해요. 최근에는 컴퓨터로 시뮬레이션하고 있어요.

메가테리움
스밀로돈과 비슷한 시기에 남아메리카에 존재했던 커다란 나무늘보의 친척이에요. 몸길이는 아프리카코끼리와 비슷한 정도였으며 몸무게는 3톤이 나갔다고 해요. 앞다리의 긴 발톱으로 나뭇가지를 끌어당겨 잎을 먹었다고 여겨져요.

- 약 5~6m
- 남아메리카
- 나뭇잎, 식물의 뿌리

스밀로돈
300만 년 전~1만 년 전의 남북아메리카에 존재했던 대형 고양이과 동물이에요. 몸길이는 1.8m 정도이며 20cm 이상이나 되는 긴 엄니로 매머드 등을 사냥해 먹었다고 생각돼요.

- 약 1.8m
- 남북아메리카
- 대형 포유류

야생의 운동선수

달린다!

🔍 우에다 박사의 포인트

빠르게 달리는 동물은 사바나처럼 광활한 장소에 서식해요. 그곳에는 나무나 바위 등의 숨을 곳이 거의 없어서, 초식 동물은 아주 빠른 속도로 도망치지 않는 한 육식 동물에게 붙잡히죠. 한편, 육식 동물도 도망치는 먹잇감을 따라잡는 속도를 내지 못하면 잡을 수 없어요. 그 결과, 서로가 살아남기 위해 점점 달리는 속도가 빨라진 것으로 생각돼요. 다만 야생 동물이 항상 전속력으로 달리는 건 아니므로, 진짜 최고 속도는 잘 알려지지 않은 것이 대부분이에요.

치타

아프리카 사하라 사막 이남에 분포하는 고양이과 동물로, 최고 시속이 약 110km에 달하는 동물계 속도 1등 운동선수예요. 몸무게는 약 50kg 정도로, 사자의 4분의 1 정도로 가벼워서 톰슨가젤이나 토끼 같은 중형~소형 포유류를 먹이로 삼아요.

- 🟥 1.2~1.5m
- 🟧 아프리카, 이란
- 🟦 중형 포유류, 소동물

꼬리

긴 꼬리는 갑작스러운 방향 전환에도 넘어지지 않게 몸의 균형을 잡아 줘요.

근육

가슴과 넓적다리에는 강인한 근육이 있어 다리를 힘차게 움직일 수 있어요.

킹치타

치타는 보통 몸에 반점 문양이 있는데, 킹치타는 반점이 이어진 독특한 문양이에요. 발견 당시에는 전혀 다른 종으로 여겨졌지만, 이후 유전자 등의 연구로 돌연변이에 의해 차이가 나타난 개체로, 같은 종이라는 것이 알려졌어요.

데이터를 보는 법: 🟥 크기 🟧 사는 곳 🟦 먹이

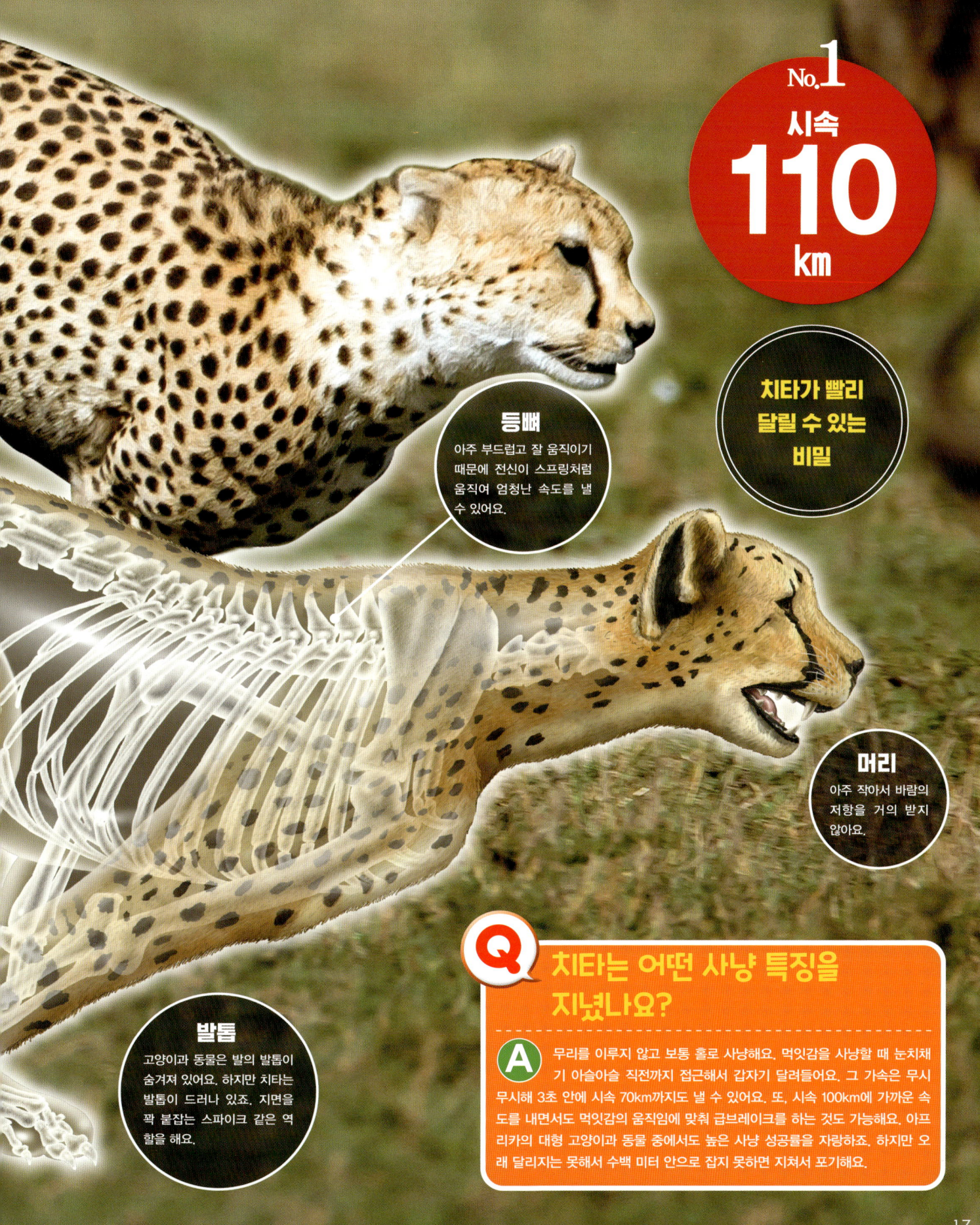

No.1 시속 110km

치타가 빨리 달릴 수 있는 비밀

등뼈
아주 부드럽고 잘 움직이기 때문에 전신이 스프링처럼 움직여 엄청난 속도를 낼 수 있어요.

머리
아주 작아서 바람의 저항을 거의 받지 않아요.

발톱
고양이과 동물은 발의 발톱이 숨겨져 있어요. 하지만 치타는 발톱이 드러나 있죠. 지면을 꽉 붙잡는 스파이크 같은 역할을 해요.

Q 치타는 어떤 사냥 특징을 지녔나요?

A 무리를 이루지 않고 보통 홀로 사냥해요. 먹잇감을 사냥할 때 눈치채기 아슬아슬 직전까지 접근해서 갑자기 달려들어요. 그 가속은 무시무시해 3초 안에 시속 70km까지도 낼 수 있어요. 또, 시속 100km에 가까운 속도를 내면서도 먹잇감의 움직임에 맞춰 급브레이크를 하는 것도 가능해요. 아프리카의 대형 고양이과 동물 중에서도 높은 사냥 성공률을 자랑하죠. 하지만 오래 달리지는 못해서 수백 미터 안으로 잡지 못하면 지쳐서 포기해요.

Q 성게가 달린다?

A 해저의 바위 터에 서식하는 성게는 움직임이 아주 느려 달릴 수 없어요. 하지만 모래 아래에 서식하는 히라타염통성게는 긴 가시를 지네의 다리처럼 움직여 초당 20cm의 속도로 달려요. 서식 장소가 아주 얕은 바다이기 때문에 조수 간만의 차에 맞춰 달려 이동하여, 물에서 벗어나지 않도록 하는 거예요.

▲ 히라타염통성게(일본명).

그레이하운드
경마처럼 속도를 겨루는 경주용 개예요. 품종 개량에 의해 빨리 달리는 능력을 지녔어요. 최고 시속은 약 60km예요.

시속 60km

Q 달리는 치타를 실제로 계측해 보면?

A 치타의 최고 속도는 사육한 개체를 운동장에서 달리게 하거나, 영상에서 계산해 추정하는 등 여러 방법으로 조사되었어요. 그 결과, 시속 69.8km부터 140km까지 많은 차이가 확인됐어요. 요즘은 GPS를 장착한 기계를 몸에 붙여 계산하는 방법이 있는데, 야생 아프리카 치타의 기록에서는 최고 시속은 약 93km, 가속은 인류 최강인 우사인 볼트 선수의 네 배에 달하기도 한다는 것을 알게 됐어요. 또, 사냥할 때는 최고 시속보다 조금 느린 속도로 달린다는 것이 확인됐어요.

속도를 비교해 보자!

치타 3.27초
※시속 110km일 경우.

만약 야생 동물들이 100m 달리기 시합을 한다면 몇 초가 걸릴까요?

생물의 비밀이 보인다!
골격의 신비

👀 우에다 박사의 포인트!

골격은 몸을 지탱하고 체내의 내장을 지켜요. 뼈의 형태나 크기, 뼈의 수는 생물마다 다르죠. 골격을 관찰하면 생물이 어떤 진화를 거듭해 왔는지 살피는 것이 가능해요. 다양한 생물의 골격을 보고 비교해 볼까요?

토코투칸
부리 길이는 20cm나 되지만, 속은 작은 틈이 잔뜩 있어서 매우 가볍게 되어 있어요.
- 🟥 55~61cm 🟧 남아메리카
- 🟦 열매, 알

인도왕뱀
몸 대부분이 등뼈로, 200개 이상 있어요. 등뼈에 이어져 있는 갈비뼈는 부드러워서 큰 먹잇감을 통째로 삼킬 수 있어요.
- 🟥 2.4~3m 🟧 인도, 인도 주변
- 🟦 새, 포유류

Q 부리는 왜 큰가요?
A 길고 큰 부리는 얇은 가지의 끝에 있는 나무 열매에도 닿아요. 또, 부리 안에는 미세한 혈관이 많이 있어서 몸을 차게 하는 기능도 있어요.

20 데이터를 보는 법 : 🟥 크기 🟧 사는 곳 🟦 먹이

서인도제도매너티
물속 생활에 적응해서 뒷다리나 골반이 거의 사라졌어요. 힘차게 헤엄치기 위해 꼬리가 굵어져 있어요.
🟥 2.1~4m 🟧 카리브해 연안 🟦 해조류

▲동글게 된 남부세띠아르마딜로.

남부세띠아르마딜로
등이 딱딱한 골판으로 덮여 있어 동글게 해서 배의 약한 부분을 지켜요. 완전히 동글게 될 수 있는 아르마딜로는 세띠아르마딜로 무리뿐이에요.
🟥 25cm
🟧 남아메리카 중앙부
🟦 곤충

골격의 신비

사자
수컷 사자의 머리뼈는 고양이과 동물 중 최대급이에요. 육식 동물은 거대한 엄니와 튼튼한 아래턱을 가졌고, 턱 힘은 초식 동물의 수 배에 달해요.
- 🟥 2.4~3.3m
- 🟧 아프리카, 인도
- 🟦 대형 포유류, 소동물

인도가비알
악어류예요. 가늘고 긴 대롱 같은 입에 날카로운 이빨이 빽빽하게 나 있어요. 주둥이를 좌우로 휘둘러 물고기 등을 잡아요.
- 🟥 3.6~4.5m 🟧 인도, 미얀마
- 🟦 물고기

Q 뱀의 입은 왜 크게 벌어지나요?

A 뱀의 아래턱뼈는 좌우로 떨어져 있고, 늘어났다 줄었다 하는 인대로 이어져 있어요. 그래서 입을 크게 벌려 자기 머리보다 큰 먹잇감도 집어삼킬 수 있어요.

▼쥐를 통째로 삼키는 공비단뱀.

비단뱀
먹잇감을 휘감아 졸라 죽이고 통째로 삼켜요. 날카로운 이빨은 안쪽을 향해 나 있어서 달려들어 문 먹잇감을 놓치지 않아요.

좌우로 떨어져 있는 아래턱뼈.

코뿔새
부리 위에 큰 돌기가 있어요. 돌기 부분의 뼈 안쪽은 스펀지 형태로 가볍게 돼 있어요.
■40~150cm ■동남아시아 ■열매, 도마뱀 등

청상아리
사나운 대형 상어예요. 상어의 뼈는 연골로, 가볍고 부드러운 것이 특징이에요. 표본으로 만들기가 어려우므로 사진은 뢴트겐 사진이에요. 또, 상어류의 주둥이에는 로렌치니 기관이라는 전기를 감지하는 기관이 모여 있어요.
■4m ■전 세계의 열대·온대 바다 ■물고기 등

주둥이

Q 코끼리의 코에는 뼈가 없나요?

A 코끼리의 코는 근육으로 되어 있고 뼈는 없어요. 보통 근육은 뼈나 관절과 연동해 움직이지만, 코끼리의 코는 근육만으로 자유로이 움직일 수가 있어요.

아프리카코끼리
긴 엄니 2개로 지면을 파 물을 찾거나, 나무뿌리를 파먹어요.
■6~7.5m ■아프리카 ■잎, 뿌리, 나무껍질, 풀, 열매

더 높이, 더 멀리! 점프!

무에타 박사의 포인트!

거대한 고래부터 작은 벼룩까지, 생물은 다양한 목적으로 점프를 해요. 그중에서도 동물들이 점프를 보여 줄 만한 점프를 보여 줘요. 그중에서도 동물들이 점프를 보여 주는 건 고양이과 동물이에요. 탄력 있는 근육과 강력한 근육으로 사용해 상승을 뛰어넘는 점프력으로 먹잇감을 붙잡죠. 반대로 고양이과 동물에게 사냥당하는 초식 동물도 마찬가지예요. 육식 동물에게 도 지지 않는 점프로 공격을 피해 살아남지요. 또 점프도 물론 바다를 벗어 활공하는 것으로 멀리 남을 수 있는 순다날원숭이와 블랜포드날도마뱀, 몸을 팽팽하게 해서 활공하는 파라다이스나무뱀 등도 있어요.

야생 동물이 시내에서 점프한다면?

A 동물계 1위의 점프력을 지닌 눈표범이라면 도로를 건너는 사이를 손쉽게 넘어다닐 수 있을 거예요. 교주부원숭이는 가로수에서 가로수로 크게 점프할 수 있어요. 베록스시파카는 중형 버스의 앞부터 뒤까지의 거리를 뛸 수 있지요. 왕갱가루는 차 가 세 대 늘어서 있어도 가볍게 넘어 넘을 수 있어요. 크크작은영양 은 크기가 70cm 정도밖에 안 되지만, 5m나 점프할 수 있어요.

※활공하는 동물이 나는 거리는 바람 등의 조건에 따라 크게 뒤바뀔 수 있으므로 대략적인 수치예요.

블랜포드날도마뱀
거리 8m
(자세한 정보는 32쪽에서)

눈표범
거리 15m

파라다이스나무뱀
거리 100m
(자세한 정보는 33쪽에서)

순다날원숭이
거리 130m
(자세한 정보는 33쪽에서)

야생의 점프왕

코주부원숭이가 강을 건너기 위해 점프하는 거리

10m

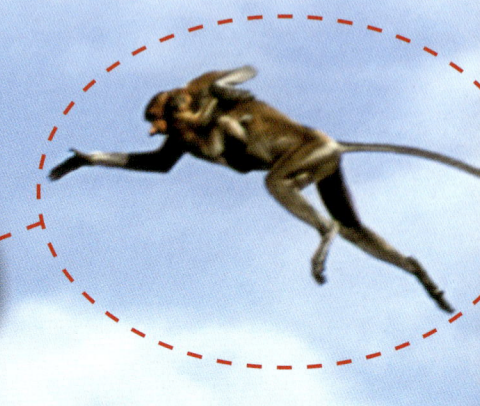

코주부원숭이

강가의 나무숲에 서식하는 원숭이예요. 이동할 때나 위협이 닥쳤을 때 크게 점프해요. 때로는 높이 20m에 달하는 나무 위에서 강으로 뛰어들기도 해요. 사진은 배를 새끼가 붙잡게 하고 나무에서 나무로 점프해 이동하는 코주부원숭이예요.

- 70cm(수컷), 60cm(암컷) ■ 보르네오섬
- 나뭇잎, 열매

눈표범이 바위에서 바위로 뛰어 이동하는 거리

15m

Q 왜 두껍고 긴 꼬리가 있나요?

A 눈표범은 아주 험한 바위산이나 급경사면에서 이동하기 때문에 몸의 균형을 잡을 수 있도록 두껍고 긴 꼬리를 지녔어요.

눈표범

히말라야산맥과 중앙아시아 산악 지대에 서식하는 고양이과 동물이에요. 바위 그늘에 숨어서 15m에 달하는 점프력으로 먹잇감인 아이벡스(염소의 친척)를 사냥해요.

- 1~1.3m ■ 중앙아시아 ■ 대형 포유류, 소동물

백상아리

수면 주변을 헤엄치는 물개를 향해 밑에서 엄청난 속도로 돌진해, 입으로 물고 높이 점프해요. 그 높이는 수면에서 3m 위에 달한다고 해요.

- 6.5m ■ 전 세계의 온대·열대 바다
- 대형 물고기, 바다짐승, 바다거북

물개를 물고 있는 백상아리의 높이

3m

데이터를 보는 법: ■크기 ■사는 곳 ■먹이

베스트 5

임팔라
아프리카에 서식하는 동물이에요. 사진은 덤벼 오는 아프리카들개 무리로부터 화려한 점프로 도망치고 있는 모습이에요. 멋진 도약력으로 한 번에 약 10m 거리를 뛰고, 그 높이는 2~3m에 달하기도 해요.
● 1.2~1.6m ● 아프리카 중부에서 남부 ● 풀, 나무껍질

Q 왜 나무에서 나무로 뛰어 이동하나요?

A 정글의 지상이나 낮은 나무 위에는 천적인 구름표범이 있어 아주 위험해요. 그래서 높은 나무에서 나무로 뛰어 이동해요.

임팔라가 포식자에게서 도망칠 때 뛰는 거리
10m

카라칼이 나는 새를 사냥하는 높이
3m

카라칼
아프리카나 아시아의 사바나에 서식하는 고양이과 동물이에요. 새 사냥의 달인으로, 높이 3m에 달하는 경이로운 점프력으로 깜짝 놀라 날아오른 새를 잡아요.
● 62~91cm
● 아프리카, 아시아 남서부
● 소동물, 대형 포유류, 새

27

점프!

바다에서도 점프!

멍크쥐가오리

번식기에 대군을 이뤄 이동한다고 알려져 있어요. 수컷은 바닷속에서부터 바다 위로 크게 점프해요. 암컷을 향한 구애 행동으로 생각돼요.

- 2.2m(폭)
- 캘리포니아만, 에콰도르 해안, 갈라파고스 제도
- 플랑크톤, 갑각류

날아오르는 멍크쥐가오리를 옆에서 보면 펼쳐진 가슴지느러미가 새의 날개 같아요.

바다를 가득 메울 정도로 대군을 이룬 멍크쥐가오리.

28 데이터를 보는 법 : ■크기 ■사는 곳 ■먹이

Q 개복치는 왜 해수면에서 날아오르나요?

A 개복치가 해수면에서 날아오르는 이유는 아직 자세히 연구되지 않아서 명확히 알려지지 않았어요. 한 가지 설에 의하면 몸의 표면에 붙은 기생충을 떨구기 위해서가 아닌가 해요.

뒤집히는 개복치!

개복치
복어에 가까운 물고기예요. 등지느러미와 배지느러미 일부가 이어져 만들어진 '키지느러미(클라부스)'라는 독특한 지느러미가 있어요. 해수면에서 날아올라 뒤집히는 모습이 바다에서 목격되고 있어요.
- 4m
- 한국, 일본, 대만, 북태평양, 오스트레일리아 남동부 등
- 해파리류, 갑각류, 물고기 등

해수면을 떠도는 개복치. 키지느러미는 선박이 방향을 바꾸기 위한 키 같은 역할을 하고 있어요.

키지느러미

하늘을 나는 건 새나 곤충뿐만이 아니야!

날다!

👀 우에다 박사의 포인트!

하늘을 나는 생물이 새와 곤충, 박쥐뿐이라고 생각했다면 큰 오산이죠! 도마뱀과 개구리, 바다를 헤엄치는 오징어, 그리고 뱀도 하늘을 날아요. 보통 이 생물들이 하늘을 날지는 않지만, 아주 일부 종이 천적으로부터 도망칠 때나 위험한 장소에서 빠져나올 때 날 수 있게 진화했어요.

하늘을 나는 오징어!?

일본 지바현에서 동쪽으로 500km 떨어진 태평양에서 촬영된 하늘을 나는 오징어예요. 약 100마리의 무리로, 빨강오징어 또는 남방살오징어로 생각돼요.

Q 왜 오징어가 나는 건가요?

A 바다에는 다랑어, 가다랑어 등 오징어를 먹이로 삼는 물고기가 많아요. 물고기는 헤엄이 아주 빨라서 오징어가 쫓기면 도망칠 수 없어요. 그런데 물속에서 힘차게 뛰어올라 공중을 날면 모습이 보이지 않게 되어 천적의 눈을 피할 수 있다고 추측돼요. 빨강오징어, 남방살오징어 외에 살오징어 등도 새끼 때는 날 수 있을지도 몰라요.

데이터를 보는 법: ■크기 ■사는 곳 ■먹이

Q 어떤 구조로 날 수 있는 건가요?

A 제트 분사처럼 힘차게 물을 뿜어 수면 위를 날아, 지느러미와 팔에 있는 얇은 막을 날개처럼 펼치고, 글라이더처럼 활공해요.

빨강오징어
레드플라잉오징어라고도 해요. 몸길이 20cm 정도 인 빨강오징어가 수면에서 1~3m가량의 높이를 30m 정도 활공한 것이 관측되었어요. ■20cm ■전 세계의 따뜻한 바다 ■물고기

Q 날치는 얼마나 멀리 날 수 있나요?

A 300~400m는 날 수 있다고 생각돼요. 일본 가고시마현의 먼바다에서는 45초간 날아다니는 영상이 촬영되었어요.

날치
천적에게 쫓길 때 힘차게 꼬리지느러미를 움직여 수면에서 날아오르고, 긴 가슴지느러미를 날개처럼 펼쳐 해수면을 활공해요. 종에 따라서는 배지느러미도 커서 네 개의 날개로 날아다니는 개체도 있어요. 전 세계 따뜻한 바다에 50종가량이 서식하고 있어요.
■25~35cm ■전 세계의 따뜻한 바다 ■플랑크톤

날
다
!

Q 동남아시아에는 왜 날아다니는 생물이 많나요?

 보르네오섬 등의 동남아시아 숲에 자생하는 나무는 키가 매우 커서 30m 이상에 달하기도 해요. 그런 높은 나무 위에 사는 동물이 먹이를 구하러 나무 사이를 이동하기 위해서는, 일단 나무에서 땅으로 내려온 후 다시 나무 위를 올라가야만 하죠. 하지만 땅에는 천적이 있어서 위험하므로 나무를 오르내리는 건 아주 힘들어요. 그래서 일부 생물이 나무 사이를 이동할 때 비행하는 방법을 선택한 것으로 여겨져요.

블랜포드날도마뱀
배에 있는 비막을 펼쳐, 공중을 미끄러지듯 날아서 나무 사이를 이동해요. 알을 낳을 때 외에는 땅에 내려오지 않아요.
🟥 30~36cm 🟧 동남아시아 🟦 개미 등

파라다이스나무뱀
갈비뼈를 펼쳐 몸을 납작하게 하고, 몸을 구부렸다 폈다 하면서 하늘을 날아요. 100m가량 떨어진 나무로 날아 이동할 수도 있어요.
- 1~1.2m ■동남아시아
- 양서류, 뱀과 도마뱀, 소형 포유류

Q 주변에도 박쥐 외에 하늘을 나는 동물이 있나요?

A 일본의 경우, 날다람쥐, 북방하늘다람쥐, 일본하늘다람쥐와 같은 하늘을 나는 동물이 있어요. 특히 날다람쥐는 인가와 가까운 곳에 서식해 발견하기 별로 어렵지 않아요. 한국에는 하늘다람쥐 등이 있어요.

순다날원숭이
턱 양쪽에서 앞다리와 뒷다리의 끝, 꼬리 끝까지 비막이 있어서 크게 펼쳐 활공해요. 원시적인 원숭이류예요.
- 33~42cm ■동남아시아
- 잎, 꽃, 열매

날다람쥐
홋카이도, 오키나와를 뺀 일본 전역에 서식하는 다람쥐예요. 목, 앞다리, 뒷다리, 꼬리 사이에 있는 비막을 펼쳐 나무 사이를 미끄러지듯 날아다녀요. 160m를 활공한 기록도 있어요.
- 27~48cm ■일본, 동남아시아 ■나뭇잎, 열매

알소미트라마크로칼파의 씨앗
씨앗이 얇고 가벼우며, 날개 같은 얇은 막이 붙어 있어서 글라이더처럼 하늘을 날 수 있어요. 수십 미터 높이에 사람 머리만 한 열매가 열리고, 바람이 불 때마다 이 씨앗이 둥실둥실 날아가요.
- 15cm(씨앗의 크기) ■동남아시아

Q 왜 식물이 하늘을 나나요?

A 식물은 스스로 움직일 수 없어요. 한결 넓은 범위에 자신의 자손을 남기기 위해 씨앗을 날리는 거예요.

단풍나무의 씨앗
단풍나무의 씨앗은 '시과(날개 열매)'라고도 불려요. 날개 같은 얇은 부분이 바람을 받고 빙빙 돌면서 하늘을 날아요.
- 2~4cm(씨앗의 크기)
- 전 세계의 온대 지방

육상의 왕은 누구?
지상 최강 결정전

지상 최강 결정전

기린
지구상에서 가장 키가 큰 동물이에요. 시속 50km로 달릴 수 있을 뿐만 아니라, 장시간 달리기를 할 수 있는 능력도 지녔어요.
- 🟥 4.7~5.7m 🟧 아프리카
- 🟦 잎, 꽃, 곡물, 열매

👀 우에다 박사의 포인트!
야생 동물은 승산 없는 싸움을 하지 않아요. 하지만 때로는 상식을 벗어나는 싸움이 일어나기도 하죠. 여기에서는 그 싸우는 모습을 통해 동물의 전투 능력을 비교해 봐요!

Q 기린과 사자 중 어느 쪽이 강한가요?
A 사자가 단체로 기린을 공격하면 보통 기린이 쓰러져요. 하지만 1.5톤에 달하는 몸무게에 시속 50km의 속도로 달릴 수 있는 기린의 다리 힘은 아주 세죠. 그래서 설령 수컷 사자더라도 제대로 걷어차이면 사망할 수 있어요.

데이터를 보는 법 : 🟥 크기 🟧 사는 곳 🟦 먹이

Q 코끼리와 하마 중 어느 쪽이 강한가요?

A 흥분한 아프리카코끼리에게서 어미 하마가 새끼를 보호하려 했지만, 코로 간단히 내동댕이쳐졌어요. 무는 힘이 강한 하마도 커다란 몸집에 힘이 센 아프리카코끼리에는 견줄 수 없죠. 하지만 이런 일은 좀처럼 일어나지 않아요.

아프리카코끼리
얌전한 이미지가 있지만 흥분한 아프리카코끼리는 아주 위험해요. 7.5톤에 달하는 거대한 몸으로 돌진하면 동물 대부분은 멀리 날아가 버리겠지요.
- 6~7.5m
- 아프리카
- 잎, 뿌리, 나무껍질, 풀, 열매

나일악어
커다란 입에 예리한 이빨이 나 있어요. 약 2.5톤의 힘으로 달려들어 물어서, 대형 동물인 얼룩말이나 누를 물속으로 끌어들여 포식해요. 때로는 사람을 공격하기도 해요.
- 4~5.5m
- 아프리카, 마다가스카르섬
- 대형 포유류, 물고기

하마
낮에는 물속이나 물가에서 생활하며, 밤이 되면 육지로 올라와 풀을 먹어요. 다리가 짧고 몸이 크므로 달리기가 느릴 것처럼 보이지만 시속 40km로 달릴 수 있어요. 사람이 하마에게 공격당하는 사고도 일어나고 있어요.
- 4.3~5.2m
- 사하라 사막 이남 아프리카
- 풀, 뿌리, 잎, 나무껍질

Q 하마와 악어 중 어느 쪽이 강한가요?

A 악어는 예리한 이빨과 강한 힘으로 물 수 있지만, 커다란 몸과 약 4cm 두께에 달하는 피부를 지닌 하마에게는 통하지 않아요. 또한, 하마의 턱 힘은 굉장히 세요. 150도 각도로 열 수도 있는 커다란 입으로 몸을 물리면 악어는 승산이 없어요.

불곰

무리를 이루지 않고 홀로 생활해요. 가장 큰 아종인 알래스카불곰은 섰을 때 키가 3m, 몸무게는 600kg을 넘어요. 앞발에는 길이 6cm에 달하는 발톱이 자라며, 입에는 커다란 송곳니(엄니)가 있어요. 고기, 식물 등을 먹는 잡식성으로 사슴 등의 대형 포유류도 공격해 먹어요.
- 1.7~2.8m　■일본, 유라시아, 북아메리카　■포유류, 물고기, 식물 등

호랑이

시베리아호랑이라고도 해요. 호랑이 중 가장 큰 아종이에요. 수컷의 평균 크기는 3.15m, 몸무게는 248kg에 달하기도 하며, 가장 작은 아종인 수마트라호랑이보다 몸길이는 약 1m, 몸무게는 약 100kg가량이 더 나가요. 아한대 삼림에서 홀로 생활하며 포유류를 사냥해 먹어요. 추정되는 개체 수는 약 500마리로, 수가 매우 적어 멸종이 우려돼요.
- 약 3m　■러시아 동부, 중국 동북부　■포유류, 새

Q 호랑이와 불곰 중 어느 쪽이 강한가요?

A 러시아 동부에는 불곰과 호랑이가 같은 지역에 서식하고 있으며 때로는 싸우기도 해요. 호랑이가 불곰을 공격해 잡아먹기도 하고, 반대로 불곰이 호랑이를 잡아먹기도 하죠. 몸집이 큰 쪽이 이긴다는 의견이에요.

Q 사자와 호랑이 중 어느 쪽이 강한가요?

A 사자와 호랑이는 서식지가 겹치지 않기 때문에 야생에서 싸울 일은 없어요. 하지만 사람들이 우리에서 싸움을 붙여 본 옛 기록에 따르면, 사자와 호랑이 둘 다 이긴 기록이 있다고 해요. 개체에 따라 크기나 성격에 차이가 있어서 어느 쪽이 강하다고는 말하기 어려워요.

생물의 놀라운 기술
사냥 필살기

🔍 **우에다 박사의 포인트!**

험한 자연계에서 살아남는 건 아주 힘든 일이에요. 특히 가장 고생스러운 것은 먹잇감을 잡는 일이죠. 그런 모진 세계에서 살아남아 온 생물들은 깜짝 놀랄 만한 기술을 구사해 먹잇감을 사냥하고 있어요. 여기서는 그 화려한 사냥 기술을 소개할게요.

악어거북
세계에서 가장 큰 담수 거북이에요. 물속에서 입을 크게 벌리고, 지렁이를 똑 닮은 돌기 있는 혀를 움직여서 물고기를 유인하죠. 그렇게 해서 가까이 오면 확 달려들어 물어요.

- ■ 60~80cm ■ 미국 남동부 ■ 물고기, 새우, 게, 새

Q 물고기는 왜 악어거북의 혀에 속나요?

A 물고기는 지렁이처럼 불규칙한 움직임을 보이는 것을 먹이라고 생각하는 습성이 있어요. 게다가 악어거북의 혀에 있는 돌기는 색까지 지렁이를 닮았죠. 그래서 물고기가 무심코 먹어 보고 싶어 한다고 해요.

38 데이터를 보는 법 : ■크기 ■사는 곳 ■먹이

혹등고래

혹등고래는 청어 등의 물고기 무리를 발견하면, 여러 마리가 협력해 거품을 뿜으며 무리를 포위하고 수면으로 몰아넣어요. 그리고 물고기들이 한 덩어리로 뭉쳐지면 큰 입을 벌려 단숨에 집어삼켜요. 이런 사냥법을 '버블넷 피딩(Bubble-net feeding)'이라고 해요.

- 약 15m
- 태평양, 대서양, 북극해
- 플랑크톤, 물고기

Q 거품을 내뿜는 건 어떤 의미가 있나요?

A 거품 장막에 둘러싸이면, 물고기는 거품을 무서워해서 도망가지 못해요. 마치 그물로 가두는 모양새죠.

사냥 필살기

부채머리수리

남아메리카 정글에 서식하는 세계 최강 맹금류 중 하나예요. 날개를 펼치면 2m, 체중은 9kg에 달하고 늠름한 다리에는 10cm 이상이나 되는 길고 예리한 발톱이 있어요. 이 발톱과 100kg 이상이라고 하는 강력한 악력으로 원숭이, 나무늘보 등을 붙잡고 날 수 있어요.

● 약 96cm　● 남아메리카　● 포유류

Q 최강 조류 사냥꾼은 누구인가요?

A 원숭이나 나무늘보를 사냥하는 부채머리수리, 또는 아프리카에서 바위너구리 등을 사냥하는 관뿔매가 최강 조류로 일컬어져요.

▶ 관뿔매.

검은댕기해오라기

검은댕기해오라기는 보통 연못이나 강 등에서 매복하여 물고기를 잡아요. 일본에 있는 공원에 서식하는 검은댕기해오라기는 곤충과 깃털을 이용해 물고기를 유인하는 낚시 같은 사냥법을 구사해요.
- 40~48cm
- 한국, 일본, 아시아, 아프리카, 오스트레일리아, 남아프리카
- 물고기

Q 왜 식물인데 곤충을 먹나요?

A 벌레잡이통풀이 자라는 땅에는 영양분이 거의 없어요. 곤충을 사냥함으로써 보통은 뿌리에서 흡수하는 영양분을 통에서 대신 얻고 있는 거예요.

벌레잡이통풀 무리

식충 식물인 벌레잡이통풀(네펜데스) 무리는 통처럼 변형된 잎이 여러 개 늘어져 있어요. 통에는 곤충을 유인하는 꿀이 있고, 이끌려 들어가면 벽이 미끄러워서 타지 못하고 떨어지는 구조죠. 그리고 안에 고인 소화액에 녹아 영양분이 돼 버려요.
- 동남아시아, 스리랑카, 마다가스카르섬

벌레잡이통풀 안에 파고든 곤충들

블랙헤론

아프리카에 서식하는 블랙헤론은 날개로 그늘을 만들어, 물고기가 더 잘 보이도록 하고 사냥해요.
- 42~66cm
- 아프리카
- 물고기

Q 어떻게 낚시 기술을 익혔나요?

A 낚시하듯 사냥하는 검은댕기해오라기는 공원의 연못에 사는 개체뿐이에요. 사람이 물고기에게 먹이를 뿌리면 모여드는 모습을 보고 학습한 것으로 여겨져요. 먹이인 곤충을 먹지 않고 물고기의 미끼로 사용하는 검은댕기해오라기의 지혜가 경이로워요.

눈에 보이지 않는 괴물들
마이크로의 세계

마이크로의 세계

우메다 박사의 포인트

여기에 실린 얼굴들은 공룡일까요? 괴물일까요? 실은 모두 '심해 열수 벌레'라고 불리는 생물의 얼굴이에요. 전자 현미경이라는 마이크로 세계를 크게 확대하는 장치를 사용하여 처음 관찰됐죠. '심해 열수 벌레'는 얕은 바다에서 종종 보이는 참갯지렁이나 털갯지렁이류의 친척이에요. 해저에서 열수가 나오는 열수 분출공 근처에 서식하고 있어요.

비늘갯지렁이

열수 분출공에 서식하는 종은 여럿 알려져 있어요. 사진은 비늘갯지렁이라는 생물의 얼굴이에요. 몸 크기는 5~8mm, 폭은 0.5mm로 샤프심 굵기 정도죠. 턱이 얼굴 앞에 튀어나온 듯 붙어 있고, 그 뒤쪽 마디에 입술이나 참갯지렁이의 특징인 수염이 있어요. 하지만 얼굴에는 눈이 없어요. 심해는 어두워서 눈이 없는 생물이 많아요.

▼물고기처럼 평평한 비늘이 좌우에 2열로 늘어서 있어요. 얕은 바다에도 있는 참갯지렁이의 친척이에요.

Q 심해 열수 벌레는 어디에 서식하고 있나요?

A 오른쪽 사진은 이 괴물들이 사는 열수 분출공이에요. 뜨거운 물에는 다양한 미네랄이 녹아 있고, 분출한 후 곧바로 식어요. 검게 보여서 '블랙 스모커'라고도 불려요. 이 미네랄을 활용해 살아가는, 세균이라는 작은 생물이 있어요. 그래서 열수 분출공 주변에는 세균을 먹는 많은 생물이 모여 살아요.

바늘로 된 산처럼 하얀 관이 잔뜩 솟아나 있고, 위로 붉은 꽃 같은 것이 나와 있어요. 이것은 참갯지렁이의 친척인 관벌레라는 동물이에요. 그 밖에 80℃의 뜨거운 물에서도 멀쩡한 참갯지렁이 무리에 속하는 생물도 있어요.

아직도 많이 있는 놀라운 심해 열수 벌레들

왕털갯지렁이
낚시의 미끼로 쓰이는 털갯지렁이의 친척이에요. 털갯지렁이과에는 입안에 큰 턱을 지닌 종이 많아요. 이 갯지렁이의 턱은 포크가 마주 보는 형태죠. 먹이를 물기보다는 찢어진 먹이를 모으는 역할을 하는 것이 아닐까 해요.

네레이스웜
마치 눈이 튀어나온 것처럼 보이지만 눈은 아니에요. 입 뒤에 네 쌍의 수염이 있는 것이 네레이스웜의 특징이에요. 두꺼운 입술에 커다란 입이 마치 괴물 같아요.

마이크로의 세계

줄리아귤빛독나비의 알

크기는 약 1mm예요. 유충의 먹이인 시계꽃의 덩굴손이 산란 장소예요. 시계꽃은 시계꽃과의 덩굴 식물로, 가지가 변형된 덩굴손을 지녔어요.

Q 왜 이런 곳에 알을 낳나요?

A 줄리아귤빛독나비가 시계꽃의 덩굴손에 알을 낳는 건 개미에게 알을 빼앗기지 않기 위해서라고 추측돼요.

줄리아귤빛독나비

북아메리카 남부에서 남아메리카에 걸쳐 서식하는 독나비예요. 독이 있는 시계꽃을 유충이 먹어서 몸속에 독을 축적해요.

● 8.2~9.2cm ● 북아메리카 남부에서 남아메리카 북부 ● 꽃의 꿀, 시계꽃(유충)

©M.Oeggerli,supported by E & H Zgraggen,PTU.

데이터를 보는 법 : ●크기 ●사는 곳 ●먹이

선태식물의 포자체

선태식물은 이끼 식물의 하나로, 약 1만 1,000종이 있다고 해요. 전 세계 온대나 아열대, 열대 지방의 습한 장소에 자생해요(사진). 이끼 식물은 씨앗이 아닌 포자로 번식해요. 포자체의 부푼 부분에 포자가 들어 있지요. 오른쪽 사진에서는 건조되어 이빨처럼 들쭉날쭉한 톱니 모양 뚜껑이 닫혀 있지만, 비가 내려 젖으면 열리면서 안의 포자가 바람에 날아가요.
■ 전 세계의 온대·아열대·열대

Q 전자 현미경은 무엇이 대단한가요?

A '빛 파장의 10만분의 1'이라는 파장이 짧은 전자선을 관찰하는 것에 맞춰 확대하는 현미경이에요. 크기가 1,000만분의 1mm인 것까지도 관찰할 수 있어요. 게다가 주사 전자 현미경은 보통 광학 현미경에 비해 넓은 범위에 초점을 맞출 수가 있어요. 그래서 관찰하는 물체를 입체적으로, 또 표면의 미세한 모습을 자세히 보는 것이 가능해요.

혈액을 빨아들이는 모기의 입

하나의 가는 침처럼 보이는 입이지만, 확대해서 보면 아주 가는 침 여섯 개로 이루어져 있어요. 침은 각각 피부에 찔러 구멍을 내는 침, 혈액이 굳지 않게 하는 액체를 뿜는 침, 피를 빨아들이는 빨대 같은 침 등 역할이 분담돼 있어요.

도구를 사용하는 생물들
도구의 달인

🔍 우에다 박사의 포인트!
도구를 사용하는 생물은 인간뿐이라고 줄곧 여겨져 왔어요. 인간 이외의 생물은 특별한 도구를 사용하지 않아도 먹잇감을 사냥하거나 섭취할 수 있는 몸 구조를 지녔기 때문이에요. 하지만 최근의 연구 결과에서 도구를 사용하는 생물이 있다는 것이 밝혀졌어요. 도구를 사용함으로써 몸이 특별한 구조가 아니어도 새로운 먹이를 획득할 수 있는 거예요.

Q 왜 돌을 도구로 쓰게 됐나요?

A 도구를 사용하는 검은머리카푸친이 서식하는 장소는 야자열매 이외의 먹이가 없는 건조한 바위산이에요. 이곳에서 살아남기 위해서는 야자열매를 섭취해야 하므로, 때로는 1kg이 넘는 돌을 도구처럼 사용한 것으로 생각돼요. 또한, 도구로 사용하는 돌은 일부러 멀리서 가져오기도 해요.

검은머리카푸친
브라질 보아비스타에 서식하는 검은머리카푸친은 돌을 들어 올리고 딱딱한 야자열매에 부딪혀 쪼개는 기술을 지녔어요. 검은머리카푸친은 훈련하면 사람과의 소통도 가능해. 아메리카에서는 몸이 불편한 사람을 돕는 '안내 원숭이'로 일하기도 해요.
■32~56.5cm ■안데스산맥 동부
■열매, 씨앗, 잎, 뿌리, 소동물 등

Q 이 기술은 계승되는 건가요?

A 검은머리카푸친은 자식에게 돌 사용법을 알려주지 않아요. 성체 검은머리카푸친이 도구를 사용하는 모습을 관찰하여 점차 배우게 된다고 해요.

Q 돌을 사용하는 것은 누군가에게 배우나요?

A 이집트대머리수리는 배우지 않아도 돌을 던져 알을 깨는 습성을 선천적으로 지녔다고 알려져 있어요.

이집트대머리수리
아프리카에 서식하는 이집트대머리수리는 껍질이 딱딱한 타조 알을 먹을 때, 돌을 주둥이로 물고 던져서 깨 먹어요. ■58~70cm
■서아시아, 인도, 지중해 연안, 아프리카 ■동물의 사체, 알

도구의 달인

침팬지

인간과 가장 가까운 동물인 침팬지는 야생에서 생활하면서도 다양한 도구를 사용하는 것으로 알려져 있어요.
🟥 63.5~92.5cm 🟧 아프리카 중부
🟦 열매, 잎, 수액, 곤충, 소동물, 원숭이

흰개미를 낚시
흰개미 둥지에 풀 등의 줄기를 찔러 넣고, 끝에 들러붙은 흰개미를 낚아 먹어요. 서식지에 따라 방법에 차이가 있으며, 콩고에 사는 무리는 개미탑에 구멍을 내는 딱딱한 막대와 낚시 용도로 쓰이는 가느다란 막대 두 종류를 사용해요.

연지를 사용한다
동아프리카 탄자니아에 서식하는 침팬지는 코가 간지러우면 풀잎을 엮은 끈인 '연지'를 콧구멍에 넣어 재채기해요.

Q 인간과 가장 가까운 동물은 침팬지인가요?

A 인간과 침팬지는 같은 조상으로부터 약 490만 년 전에 분기한 것으로 여겨질 만큼 가까운 종이에요. 인간과 유전자가 98.7% 일치한다는 연구도 있어요. 지능이 아주 높아 나무 막대나 돌 등의 도구를 사용하는 것으로 알려졌으며, 같은 도구여도 서식지에 따라 사용 방법이 달라요. 또 도구를 사용하는 것이 유행을 타기도 해요.

돌로 깬다
서아프리카 기니의 보수 숲에 서식하는 침팬지는 기름야자의 딱딱한 씨앗을 평평한 바위 위에 올린 후, 손에 든 돌로 깨 먹어요.

뉴칼레도니아까마귀
태평양 뉴칼레도니아섬에 서식하는 고유종이에요. 도구를 사용해 먹이를 사냥하는 습성이 있어요.
- 🟧 40~43cm 🟦 뉴칼레도니아섬
- 🟦 곤충, 열매

민달팽이 낚시
잎의 가장자리에 가시가 있는 판다누스 나무의 잎을 부리로 잘라 도구로 사용해요. 부리로는 닿지 않는 곳에 있는 민달팽이를 가시로 긁어 잡아요.

Q 왜 도구를 사용하게 됐나요?

A 뉴칼레도니아섬에는 딱따구리가 없어서 하늘소 유충은 아무도 노리지 않는 매력적인 먹이예요. 그래서 뉴칼레도니아까마귀는 하늘소 유충을 잡기 위해 지혜를 짜내어 도구를 사용하게 됐다는 설이 있어요.

하늘소의 유충 낚시
나뭇가지를 도구로 삼아, 나무줄기 깊숙한 부분에 숨은 하늘소 유충을 나뭇가지 끝으로 긁어 올려요.

보르네오오랑우탄
머리에 우산 대신 나뭇잎을 얹어 비를 피해요. 오랑우탄은 침팬지와 마찬가지로 도구를 사용해 흰개미를 낚아요.
- 🟧 1.5m 🟦 보르네오섬 🟦 열매, 잎, 곤충

놀라운 진화를 이룬
갈라파고스 제도의 생물

🔍 **우에다 박사의 포인트!**

적도 바로 아래의 태평양 위에 뜬 절해의 고도, 갈라파고스 제도. 생물 대부분이 이 섬들에만 사는 것들뿐으로, 각자가 독자적 진화의 길을 걸어왔어요. 이 생물들은 진화론의 아버지인 찰스 다윈을 선두로 하는 많은 연구자에 의해 진화의 수수께끼를 푸는 큰 힌트가 되었죠. 그래서 갈라파고스 제도는 '진화의 실험실'이라 불리며, 지금도 진화론 연구의 최전선에 있어요!

갈라파고스 제도
(에콰도르)

남아메리카 대륙 에콰도르의 서쪽, 약 1,000km의 태평양 위에 뜬 화산 군도예요. 커다란 섬 23개와 100개 이상의 작은 섬이나 암초로 구성되어 있으며, 지금까지 한 번도 대륙과 육지로 이어진 적이 없어요. 적도 바로 아래에 있으면서 근처 바다에는 차가운 해류가 흐르고 있어, 연간 평균 기온은 23.7℃로 그렇게 덥지 않아요.

바다이구아나
해안에 사는 이구아나예요. 특기는 잠수예요. 평평한 꼬리를 이용해 헤엄쳐서 바위에 붙은 해조를 먹어요.
🟥 1~1.5m 🟧 대다수의 갈라파고스섬
🟦 해조 등

데이터를 보는 법 : 🟥 크기 🟧 사는 곳 🟦 먹이

Q 왜 이구아나가 바닷속에 있나요?

A 바닷속 해조를 먹기 위해서예요. 육상 생활을 하던 이구아나가 지금은 없는 갈라파고스 제도와 대륙 사이에 있었던 화산섬에 다다라, 먹을 것을 찾아 바닷속으로 들어가게 됐다고 생각돼요. 그 자손이 현재 갈라파고스 제도에 살아남아 있어요.

갈라파고스펭귄
세계에서 유일하게 열대에 사는 펭귄이에요. 섬의 바다에는 차가운 해류가 흐르고 있어서 살 수 있어요.
- 48~53cm
- 페르난디나섬, 이사벨라섬 등
- 물고기 등

갈라파고스강치
갈라파고스 제도의 해역에만 서식하는 고유종이에요. 캘리포니아강치와 비슷한 종으로, 조금 작아요.
- 1.5~2.5m
- 대다수의 갈라파고스섬
- 물고기, 갑각류 등

갈라파고스이구아나
섬에 따라 형태나 색에 차이가 있어요. 주된 먹이는 선인장으로, 특히 꽃을 좋아해요.
- 80~130cm
- 이사벨라섬, 산타크루스섬 등
- 선인장, 곤충, 게 등

갈라파고스가마우지
갈라파고스에만 있는 가마우지의 친척이에요. 날개가 짧아 날 수 없어요. 그 대신 물속을 솜씨 좋게 헤엄칠 수 있어요.
- 89~110cm
- 페르난디나섬, 이사벨라섬
- 물고기, 문어 등

갈라파고스땅거북

세계 최대의 육지 거북으로, 몸무게 300kg에 달하기도 해요. 15종 정도 있었지만 머지않아 몇 종이 멸종했어요.
- 🔴 80~130cm
- 🟠 갈라파고스 제도
- 🟦 풀, 선인장의 잎, 열매

Q '진화'하는 게 먼가요?

A 생물의 몸 구조나 유전자가 세대교체를 반복하면서 변화하는 것을 '진화'라고 해요. 지구 환경은 끊임없이 변화하고 있으며 그 변화에 적응한 것이 살아남고, 다양한 종이 탄생해 왔죠. 올챙이가 개구리로 변화하는 것은 '변태'라고 하고, 세대를 넘는 것이 아니므로 진화라고 하지 않아요. 박물학자인 찰스 다윈은 갈라파고스 제도를 방문했을 때, 이곳에서만 볼 수 있는 다양한 생물들과 만나 진화론의 힌트를 얻었다고 알려져 있어요.

갈라파고스땅거북 등딱지의 형태 차이

돔 모양 — 잡초가 많은 섬에 사는 갈라파고스땅거북은 목을 아래로 향하고 먹어요. 그래서 등딱지 형태가 돔 모양이에요.

안장 모양 — 낮은 곳에 먹이가 적은 섬에 사는 갈라파고스땅거북은 목을 늘리고 높은 곳에 있는 먹이를 얻기 위해, 등딱지의 목 부분이 크게 솟아오른 안장 모양이 되었다고 여겨져요.

갈라파고스핀치 무리

섬마다 있는 먹이의 차이에 따라, 조상인 핀치류에서 각각 다른 모습으로 진화했다고 생각돼요.

중간땅핀치
식물의 씨앗 등을 먹어요. 부리가 짧아요.

선인장핀치
부리가 조금 길고 굽어 있어요. 선인장 꽃에서 밑씨(씨가 되는 부분)를 파내 먹어요.

딱따구리핀치
곧은 부리를 가졌어요. 얇은 가지를 도구로, 나무 구멍에서 곤충의 유충 등을 파내 먹어요.

큰땅핀치
딱딱한 씨앗 등을 먹어요. 부리는 크고 튼튼해요.

독

방심하면 당한다!

독

Q 독개구리의 독은 얼마나 위험한가요?

A 독개구리의 독은 거대한 동물이어도 몸이 저리거나 때로는 심장이 멈출 정도로 강력해요. 물론 사람은 만지는 것만으로 사망하기도 하죠. 단 1g으로 10만 명이 사망할 정도로 강력한 독을 지닌 개체도 있어요.

우에다 박사의 포인트!

식물, 곤충, 어류, 양서류, 파충류 등에 속하는 많은 생물이 독을 지녔어요. 독은 크게 나누면 독개구리나 복어처럼 몸에 독을 지녀 먹히지 않도록 해서 자신을 지키는 독, 벌과 뱀처럼 독액을 주입해 상대방을 약화하거나 죽이는 무기로 사용하는 독이 있어요.

타란툴라 vs. 독개구리!

Q 타란툴라가 공격한다면?

A 오른쪽 사진은 큰 거미인 타란툴라가 그린앤블랙다트개구리에게 접근하는 모습이에요. 만약 싸움이 벌어지면 그린앤블랙다트개구리의 피부에서 나온 독액에 의해 몸집이 몇 배나 큰 타란툴라도 사망할 수 있어요. 하지만 타란툴라는 그린앤블랙다트개구리가 독을 지닌 것을 알기 때문에 함부로 공격하지 않아요.

그린앤블랙다트개구리
공격당하면 피부에서 독액을 내뿜어 몸을 지켜요. 독개구리는 독을 지녔기 때문에 천적이 많은 낮에도 멀쩡하게 돌아다닐 수 있어요.
■3.2~4.2cm ■뉴칼레도니아 남동부에서 콜롬비아 북서부 ■곤충 등

Q 왜 독을 지닌 동물은 색이 선명한가요?

A 선명한 몸 색깔은 독을 지녔다는 것을 나타내요. 그 덕분에 적은 보기만 해도 독을 가지고 있다는 것을 알고 함부로 공격하지 않아요.

독개구리의 독을 바른 바람총으로 먹잇감을 노리는 콜롬비아 선주민족.

▲황금독화살개구리의 독을 화살에 바르는 모습. 독개구리 중에서도 가장 강력한 독을 지녔어요.

오리너구리

수컷 오리너구리의 뒷발 며느리발톱에서 독액이 나와요. 며느리발톱은 새끼발톱 뒤에 덧달린 작은 발톱을 의미해요. 때로는 개가 죽을 정도인 맹독이에요. 오리너구리는 알로 새끼를 낳는 가장 원시적인 포유류예요.
- 45~60cm
- 오스트레일리아 동부, 태즈메이니아섬
- 곤충, 게, 새우, 조개, 물고기

▲오리너구리의 며느리발톱.

두건피토휘

날개나 피부에 조류 중 가장 강한 독을 가졌다고 해요. 두건피토휘를 포식하려던 뱀은 잡으려고 하다가 몸이 마비되거나, 문 순간에 혀가 마비되어 도망가기도 해요.
- 23cm
- 뉴기니섬
- 열매, 곤충

독

Q 왜 독을 뱉나요?

A 적에게 공격당했을 때 독액을 뱉어 맞서요. 독액을 뱉는 코브라는 세계에 10종 정도 알려져 있어요.

모잠비크스피팅코브라
강력한 근육으로 독샘을 짜내, 적의 눈을 노리고 독액을 뿜어요. 때로는 2m 이상 날아가기도 해요.
- 1~1.5m
- 아프리카 동부에서 남부
- 양서류, 뱀과 도마뱀, 소형 포유류 등

아메리카독도마뱀
코브라와 비슷한 독을 지녔어요. 독을 아래턱에 모아 두고 물 때 상처 부위로 독을 주입해 약하게 만들어요. 게다가 무는 힘이 아주 세서 떼어 내기 어려워요.
- 40~50cm
- 미국 남부에서 멕시코 북서부
- 새나 새의 알, 소형 포유류 등

58 데이터를 보는 법 : ■크기 ■사는 곳 ■먹이

호주상자해파리의 맹독은 얼마나 강한가요?

A 한 마리가 60명 이상을 죽게 할 수 있을 정도로 강한 독을 지녔어요. 심한 고통에 쇼크사하거나, 많이 찔리면 4분 이내로 사망에 이른다고 해요. 설령 죽지 않아도 고통이 일주일간 이어질 수 있어요.

호주상자해파리
세계에서 가장 강력한 독을 지녔다고 알려진 해파리예요. 실 같은 자포에 독이 있으며, 사람이 만지면 심한 고통으로 쇼크사하기도 해요.
- 약 3m ● 인도양 남부에서 오스트레일리아 서해안 ● 물고기, 플랑크톤 등

붉은사슴뿔버섯
만지는 것만으로도 피부가 문드러지는 독이 있어요. 또한, 먹으면 복통, 구토, 설사 등의 증상이 나타나며, 사망 사례도 있는 맹독 버섯이에요.
- 10cm ● 한국, 일본, 중국, 자바섬 등

위기에 처했을 때의 청복.

평상시의 청복.

청복
복어에 속하며 피부와 내장에 독이 있어요. 적에게 공격당하면 부풀며, 피부에서 독을 내뿜어 몸을 보호해요. 사람이 먹으면 죽음에 이를 수 있어요.
- 17cm ● 인도양, 서태평양 ● 조류, 조개, 소동물

파란선문어
타액에 복어와 같은 테트로도톡신이라는 맹독이 포함돼 있어요. 이것으로 먹이를 물어서 마비시켜요. 사람이 물리면 죽을 위험성이 있어요.
- 약 12cm
- 서태평양에서 인도양
- 물고기, 소동물 등

생물들의 비기!

닌자

👀 우에다 박사의 포인트!

수직으로 된 벽을 오르고, 연막으로 모습을 감추며, 물 위를 걷죠. 닌자의 초특급 기술은 정말 놀라운 것투성이예요. 생물계에도 닌자가 놀랄 법한 굉장한 기술을 지닌 생물이 잔뜩 있어요. 여기서는 그러한 생물계 닌자들의 여러 기술을 소개할게요.

바실리스크이구아나
위험이 닥치면 뒷발로 우뚝 서서 물 위를 달려 도망쳐요. 그 속도는 1초에 20보까지도 달해요.
● 75~90cm ● 중앙아메리카 ● 곤충, 뱀, 도마뱀 등

Q 왜 물 위를 달릴 수 있나요?

A 물에 다리가 잠기기 직전 다음 걸음을 딛는 동작을 맹렬한 속도로 반복하기 때문에 물 위를 달릴 수 있어요. 또 뒷발 발가락에는 주름이 있어, 물에 닿으면 펼쳐져서 다리 면적이 늘어나 물에 잘 가라앉지 않게 돼요. 다만 물 위를 달릴 수 있는 건 몸무게가 가벼운 새끼때뿐이에요.

물 위를 달리는 다리

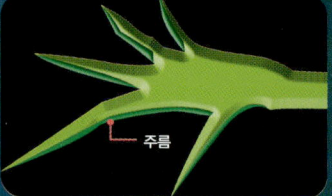

◀ 뒷발의 발가락에 각각 있는 주름은 물에 닿으면 펼쳐지는 구조예요.

물 위를 달리는 술법!

변신 술법!

겉보기엔 평범한 새지만…….

Q 어떨 때 변신하나요?

A 극락조 무리 중 다수는 암컷에게 구애할 때 수컷이 장식 깃털을 펼쳐 평소와는 다른 모습으로 변신해요.

꼬리비녀극락조
뉴기니섬에 서식하는 극락조예요. 수컷이 암컷에게 구애할 때 가슴이나 등의 깃털을 치마처럼 펼쳐 변신해요.
● 26cm ● 뉴기니섬
● 열매, 곤충

기생 술법!

빨판상어
제1등지느러미가 변형돼 흡반처럼 딱 달라붙을 수 있어요. 몸이 작을 때는 대형 물고기나 돌고래 등에 붙어 생활해요. 이름에 상어가 들어가 있지만, 농어목에 속하는 물고기예요. 🔴1m
🟠전 세계의 따뜻한 바다(태평양 동부와 대서양 북동부 제외) 🔵작은 물고기, 새우와 게, 오징어

Q 왜 돌고래에게 달라붙나요?

A 돌고래 등의 큰 동물, 바다거북, 물고기 등에 달라붙는 것으로써 남는 먹이나 똥 등의 먹을 것을 확보할 수 있어요. 또 위험으로부터 몸을 지키며 편하게 이동할 수 있죠. 하지만 돌고래에게는 방해가 되기 때문에 점프해서 털어 내려 하고 있어요.

Q 어떻게 붙어 있나요?

A 흡반에는 2열로 늘어선 주름이 있고, 평소에는 뒤로 쓰러져 있어요. 달라붙을 때는 이 주름을 세워 틈을 만들어요. 틈 사이는 주변보다 수압이 낮아져서 달라붙을 수가 있죠. 또한, 달라붙은 상대가 빠르게 헤엄칠수록 빨판상어가 뒤로 끌리므로, 주름이 더욱 세워져 흡입력이 강해져요. 그래서 달라붙은 상대가 빠른 속도로 헤엄쳐도 빨판상어는 떨어지지 않아요.

위에서 본 모습

흡반

확대하여 옆에서 보면

주름
이 틈새의 압력이 낮아 딱 달라붙을 수 있어요.

주름이 서면

돌고래 등의 다른 동물

모래 숨기의 술법!

Q 왜 죽은 척을 하나요?

A 천적인 코요테 등에게 공격당했을 때 죽은 척을 하는데, 이는 적을 방심시키고 틈을 봐서 도망치기 위함이에요.

뿔문어(Eledone cirrhosa)
모래밭에 서식하는 문어예요. 평소에는 모래에 숨어 눈만 내밀고 있어요. 모래 안에 몸을 숨기면 발견하기 어려워서 적으로부터 안전해질 뿐만 아니라, 먹잇감에게 들키지 않고 매복할 수 있어요.
- 50cm
- 대서양 북부, 지중해
- 갑각류, 물고기

벽 오르기의 술법!

토케이도마뱀붙이
토케이게코라고도 해요. 도마뱀붙이의 다리 뒤에는 눈에 보이지 않는 털 같은 단백질 섬유가 빽빽하게 나 있어요. 그 섬유가 벽이나 유리 표면에 빈틈없이 파고들어, 수직으로 된 벽도 떨어지지 않고 오를 수 있어요.
- 25~35cm
- 동남아시아
- 곤충 등

버지니아주머니쥐
북아메리카에 서식하는 유대류예요. 놀라면 죽은 척을 해서 옆으로 드러누워요. 박진감 있는 연기가 일품이에요.
- 35~55cm
- 북아메리카
- 곤충, 소동물, 열매 등

죽은 척하기 술법!

삐쭉삐쭉 술법!

케이프호저의 가시가 박힌 미어캣.

케이프호저
적이 가까이 오면 털이 변화한 날카로운 가시를 곤두세워 상대를 위협해요. 가시는 길이 30cm에 달하며, 아주 예리해서 사자도 손대지 못해요.
- 71~84cm
- 아프리카 남부
- 식물

생물들의 독특한 양육법

야생의 양육 기술

👀 우에다 박사의 포인트!

새끼를 낳아 자손이 끊어지지 않게 하는 건 생물에게 가장 중요한 일이죠! 하지만 자연 속에는 새끼를 노리는 천적이 득실대기 때문에 방심하면 바로 잡아먹혀요. 그래서 생물들은 다양한 방법을 궁리해서 새끼를 기르고 있지요. 그중에는 놀랄 만큼 별난 방법으로 새끼를 양육하는 생물도 있어요.

밴디드죠피시
수컷의 입안에 있는 것은 부화 직전인 알이에요. 암컷이 수컷의 입안에 알을 낳고 수컷이 길러요.
- 20cm
- 카리브해
- 플랑크톤

Q 왜 입안에서 새끼를 기르나요?

A 알은 낳은 후 적에게 먹힐 우려가 있어요. 그래서 일부 어류는 알을 지키기 위해 입안에 알을 넣고 부화하기 전까지 양육해요. 이를 '구강포란(Mouth Brooding)'이라고 하죠. 알을 입에 문 물고기는 부화하기 전까지 절대 먹이를 먹지 않아요. 또 부화한 이후에도 입안에서 지키는 물고기도 있어요.

64 데이터를 보는 법: ●크기 ●사는 곳 ●먹이

Q 왜 아버지가 새끼를 낳나요?

A 해마는 수컷의 복부에 육아낭이라는 주머니가 있어, 암컷이 그 안에 알을 낳아요. 그리고 수컷의 육아낭에서 보호받은 알은 부화하면 치어가 되어 주머니에서 떨어져 나와요. 그 때문에 아버지가 새끼를 낳는 것처럼 보이는 거예요.

줄무늬해마
수컷의 배에 있는 육아낭에서 부화한 치어들이 떠나가고 있는 모습이에요.
- 19cm
- 대서양 서쪽 해안
- 플랑크톤

야생의 양육 기술

큰주머니청개구리(일본명)
알은 암컷의 등에 있는 주머니에서 자라. 새끼 개구리가 되면 밖으로 나와요.
- 6~10cm
- 베네수엘라 북부
- 곤충, 양서류 등

Q 왜 등에서 새끼가 나오나요?

A 큰주머니청개구리 등의 뿔청개구리과는 암컷이 알을 낳으면 수컷이 암컷의 등에 있는 주머니에 알을 밀어 넣어요. 그리고 알은 주머니 안에서 성장해 부화하죠. 그 후 올챙이가 되면 물에 풀어 주는 종, 그대로 주머니 안에서 새끼 개구리가 될 때까지 보살피는 종, 올챙이 시기가 없고 바로 새끼 개구리가 되는 종 등 각양각색이에요.

Q 악어는 파충류인데 새끼를 양육하나요?

A 파충류는 대부분 새끼를 양육하지 않아요. 하지만 악어 중에는 육지에 낙엽, 마른 풀 등의 식물과 흙을 섞은 둥지를 틀고 알을 낳는 종이 있어요. 알은 식물이 썩을 때 발생하는 열로 부화하고, 어미는 알이 부화하기까지 약 2개월간 둥지를 쭉 지켜요. 부화한 후, 사진처럼 새끼를 입안에 넣고 운반하는 악어도 있어요.

넓은입카이만
넓은코카이만이라고도 해요. 알에서 부화한 새끼를 입안에 넣고 물이 있는 곳까지 운반해요.
- 2~3m
- 남아메리카 남동부
- 조개, 물고기, 새 등

데이터를 보는 법 : ■크기 ■사는 곳 ■먹이

성장하여 어미의 등 주머니에서 나온 새끼 개구리.

뻐꾸기
뻐꾸기는 스스로 새끼를 기르지 않아요. 다른 종인 새의 둥지에 알을 낳아 기르게 하죠. 사진은 개개비가 새끼 뻐꾸기를 양육하고 있는 모습이에요.
- 🔴 30cm
- 🟠 한국, 일본, 유라시아, 동남아시아, 아프리카
- 🔵 곤충

복상어(Cephaloscyllium umbratile)
12cm가량의 캡슐처럼 단단한 껍질에 든 알을 낳아요. 부화하기까지 1년 가까이 걸려요.
- 🔴 80cm
- 🟠 한국, 일본 홋카이도 남부에서 동중국해, 대만, 뉴질랜드
- 🔵 물고기

복상어의 알
알은 딱딱한 껍질로 덮여 있고, 가는 끈 같은 부분을 바위 등에 붙여요.

뿔논병아리
뿔논병아리 등의 논병아리류는 새끼일 때, 수영을 잘하게 되기 전까지 부모의 등에 업혀 생활해요.
- 🔴 46~61cm
- 🟠 한국, 일본, 유라시아, 아프리카, 오스트레일리아, 뉴질랜드
- 🔵 물고기

일격필살! 발전 생물

👀 우에다 박사의 포인트!

물고기 중에는 몸에 발전 기관이 있어 전기를 만들 수 있는 생물이 있어요. 그중에서도 전기뱀장어는 커다란 동물도 감전사시킬 정도로 강력한 전기를 내뿜는 것으로 유명해요. 또 열대나 아열대 지방의 담수에는 약한 전기를 내뿜는 물고기도 있어요. 전기로 먹잇감을 찾거나, 레이더처럼 주변 환경을 탐색하거나, 동료들 간의 소통에 사용하는 것으로 알려져 있어요.

Q 전기뱀장어는 왜 전기를 내나요?

A 아주 탁한 물에 서식하기 때문에 눈으로 먹잇감을 찾거나 사냥하기 어려워요. 그래서 약한 전기를 발생시켜 먹잇감을 찾고, 발견하면 강력한 전기를 내뿜어 마비시킨 후 잡아요.

전기뱀장어
발전판이라 불리는 세포가 몸에 몇천 개나 있으며, 동시에 발전하면 최고 800V에 달하는 강력한 전기를 만들 수 있어요. 몸에 무심코 닿으면 큰 악어도 감전사할 정도라고 해요.

🟥 1.8m 🟧 아마존강, 오리노코강 🟦 물고기, 소형 포유류

데이터를 보는 법: 🟥 크기 🟧 사는 곳 🟦 먹이

사진 제공 : 신에노시마 수족관

일본의 신에노시마 수족관에는 크리스마스 시즌이 되면 전기뱀장어가 일으킨 전기를 이용해 LED 조명을 점등하는 크리스마스트리가 등장해요.

Q 전기뱀장어는 왜 감전되지 않나요?

A 자세한 건 알려지지 않았지만, 전기를 만들어 내는 발전판 주변에 있는 세포는 전류가 통하기 어려워서 감전되지 않는다는 설이 있어요.

태평양전기가오리
머리에 발전 기관이 있어요. 약 50V의 전기를 모래에 흘려, 새우나 게 등을 마비시킨 후 먹어요.
● 1.4m ● 북아메리카 서해안 ● 작은 저생동물

코끼리주둥이고기
코끼리의 코처럼 길게 뻗은 아래턱에서 약한 전기를 발생시켜, 물밑에 숨어 있는 작은 동물을 찾아서 잡아먹어요.
● 35cm ● 나이저강, 콩고강 ● 작은 저생동물

위기가 닥친다!

위협하라

👀 우에다 박사의 포인트!

위협이란 "공격할 거야!"라는 신호를 해서 상대방을 내쫓는 행위를 말해요. 아무리 강한 생물이라도 계속 전력을 다해 싸우면 손상을 입겠죠. 그래서 위협하는 것만으로 위험이 지나가길 바라요. 가슴이나 날개를 펼쳐 몸을 크게 보이게 하거나, 이상한 문양을 갑자기 보여 주는 행동이 기본적인 위협 방법이에요.

작은개미핥기

남부작은개미핥기라고도 해요. 흰개미를 먹던 도중 갑자기 놀라, 우뚝 서서 위협하는 자세를 취하고 있어요.
- 🟥 47~77cm 🟧 남아메리카 북부
- 🟦 흰개미

평상시의 작은개미핥기

Q 어떨 때 일어서나요?

A 땅 위를 이동할 때 재규어 등의 천적을 만나면 우뚝 서서 위협해요. 이때 예리한 발톱이 있는 앞발을 펼쳐 보이며, 상대방이 물러서지 않으면 발톱으로 공격해요.

데이터를 보는 법 : 🟥 크기 🟧 사는 곳 🟦 먹이

공작여치
2006년에 남아메리카의 가이아나에서 발견된 메뚜기의 친척이에요. 적이 다가오면 날개를 펼쳐 위협해요. ■4.5~6.5cm
■남아메리카 북부 ■식물의 잎

Q 날개를 펼치면 어떤 효과가 있나요?

A 날개를 펼치면 커다란 눈알 모양이 드러나 적을 놀라게 하는 효과가 있다고 여겨져요. 그래도 상대가 도망가지 않으면, 달려들어서 커다란 새에게 공격당하는 착각을 불러일으킨다고 해요.

스파이크헤드 여치
가시투성이인 다리를 크게 펼쳐, 가까이 다가온 천적을 위협해요.
■7.5cm ■에콰도르 ■곤충

중앙아메리카큰띠아놀(일본명)
볼에 있는 동그란 문양이 특징이에요. 나무 위에 서식하는 도마뱀이에요.
■30cm ■중앙아메리카 ■곤충

Q 왜 목을 부풀리나요?

A 위험이 닥치거나 수컷이 영역에 침입하려고 하면, 목의 주름을 펼쳐 크게 보이고 "이 이상 가까이 오지 마!"라고 경고하는 거예요.

미국수리부엉이

남북아메리카 숲에서 볼 수 있는 커다란 부엉이예요. 새나 토끼 등을 사냥해요.

- 43~53cm
- 남북아메리카
- 새, 포유류

위협하라

평상시의 새끼 미국수리부엉이

Q 이 자세에는 어떤 의미가 있나요?

A 아직 날지 못하는 새끼 미국수리부엉이는 가까이 오는 생물에게 날개를 부채처럼 펼쳐, 몸을 크게 보이게 하고 위협해요. 접근하는 상대에게 "이 이상은 접근하지 마!"라고 알리는 거예요.

72 데이터를 보는 법 : ●크기　●사는 곳　●먹이

Q 붉은 주머니에는 어떤 역할이 있나요?

A 붉은 주머니는 콧구멍의 점막이에요. 수컷만 부풀릴 수 있죠. 번식 상대인 암컷을 둘러싸고 수컷끼리 다툴 때 콧구멍의 점막에 공기를 넣어 부풀리고 위협해요. 그 덕분에 수컷끼리 서로 상처 입히지 않고 승부를 가를 수 있어요.

두건물범
북극해에 주로 서식하는 물범이에요. 수컷은 코가 자루 모양이며 풍선처럼 부풀릴 수 있어요. ■ 2.5m(수컷), 2.2m(암컷)
■ 북아메리카 동안, 유럽 서안 ■ 물고기, 오징어, 새우

호주푸른혀도마뱀
위험이 닥치면 상대방에게 길고 파란 혀를 보여 줘서 놀라게 해요. ■ 40~60cm ■ 오스트레일리아 북부에서 동부 ■ 식물, 곤충, 소형 포유류

마왕낙엽사마귀(일본명)
학명은 'Parablepharis kuhlii'예요. 우뚝 서서 덩치를 크게 보이게 하고 상대방을 위협해요.
■ 약 7cm ■ 말레이반도, 보르네오섬 ■ 곤충

모방하는 생물들

의태

Q 흉내문어는 몇 종류의 생물로 의태할 수 있나요?

A 궁제기서대, 갯가재, 쏠배감펭 등 15종의 생물로 의태할 수 있다고 해요.

👀 우에다 박사의 포인트!

세상에는 놀랄 정도로 흉내를 잘 내는 생물이 많아요. 몸의 형태나 색, 문양을 자기와는 다른 생물이나 바위 등의 환경과 비슷하게 하는 행위를 의태라고 해요. 의태의 목적은 대부분 자기 몸을 지키기 위해서이지만, 개중에는 먹잇감을 사냥하기 위해 주변 환경에 스며드는 생물도 있어요. 최근에는 식물의 의태도 발견되어 과학자들이 놀랐다고 해요.

기본형

흉내문어

1998년에 인도네시아 바다에서 발견된 문어예요. 색을 바꾸거나, 다리를 펼치거나 모아서 다양한 생물로 의태하여 몸을 지켜요.

🔴 약 60cm 🟠 인도네시아 🔵 갑각류, 물고기 등

궁제기서대로 의태!

궁제기서대

의태

독이 있다!?

무독

산호뱀으로 의태!

우유뱀
맹독을 지닌 산호뱀과 색, 문양이 비슷하지만, 독은 없어요. 아주 얌전한 뱀이에요. 우유뱀이라는 이름은 소 외양간에서 자주 발견되어, 우유를 마시는 것으로 착각해 붙여졌어요.
- 1~1.3m ● 멕시코
- 뱀과 도마뱀, 새, 작은 포유류 등

독

산호뱀

Q 왜 독이 있는 생물로 의태하나요?

A 겉모습으로 먹잇감을 판별하는 새나 도마뱀 등은 독이 있는 생물의 모양, 색, 문양을 기억하고 있어서 절대 먹으려 하지 않아요. 그래서 독이 없는 생물이 맹독을 지닌 생물로 의태하면 잡아먹힐 위험이 줄어들고 살아남을 수 있어요.

무독

호랑하늘소
말벌로 의태했어요. 동작이 재빠르고 비행 방법이나 날갯소리도 말벌과 비슷해요.
- 1.7~2.6cm ● 한국, 일본 ● 식물

말벌로 의태!

말벌

독

꽃도 의태한다!

▼ 수컷 꿀벌이 다가왔어요.

오프리스 아피페라 (Ophrys apifera)
꽃의 색깔과 모양이 암컷 꿀벌로 의태하고 있어요. 교미하려고 다가온 수컷 벌에게 화분을 묻혀 운반시키죠. 꽃의 냄새도 암컷 꿀벌이 수벌을 유혹하는 냄새와 비슷해요.
● 유럽

데이터를 보는 법 : ● 크기 ● 사는 곳 ● 먹이

개미가 되고 싶어!?

불개미거미
깡충거미과에 속하는 종이에요. 개미를 똑 닮았어요.
- 5.8~8mm
- 한국, 일본
- 곤충

Q 왜 개미로 의태하는 건가요?

A 집단으로 적을 쓰러트리거나, 독침을 지닌 종도 있는 개미는 아주 강력한 곤충이에요. 그래서 모습을 비슷하게 함으로써 적이 노리지 않게 한다고 여겨져요. 또 개미를 방심시킨 후 사냥한다는 설도 있어요.

아시안개미사마귀
열대 지방에 서식하는 대다수의 사마귀 유충은 개미로 의태하고 있어요.
- 2mm(유충)
- 말레이시아
- 곤충

나뭇잎이다!?

마른잎여치 무리
아마존 열대 우림에 서식하는 여치류예요. 가만히 움직이지 않고 낙엽으로 의태해 있어요.
- 약 5cm
- 에콰도르
- 식물, 곤충

사탄나뭇잎꼬리도마뱀붙이
꼬리가 평평하며 낙엽과 비슷한 모양이에요. 낮은 나무의 아랫부분에 서식해요.
- 7~10cm
- 마다가스카르섬 동부
- 곤충

어째서일까……!?
투명 동물

투명 동물

우에다 박사의 포인트!
비쳐 보이는 투명한 몸은 궁극의 의태예요. 예를 들면, 마른 잎으로 몸 색깔을 바꾸면 녹색 잎 위에서는 오히려 눈에 띄지만, 투명한 몸은 어디에서도 눈에 띄지 않아요. 또 투명하면 그림자도 희미해지므로 더욱 적의 눈에 띄지 않아요.

Q 왜 개구리가 투명한가요?

A 이 개구리가 서식하는 열대 우림에는 많은 종류의 식물이 있고, 이파리 색도 다양해요. 어떤 색의 잎 위에 있더라도 투명한 몸을 지녔다면 눈에 띄지 않아요. 그래서 천적이 발견하기 어려워지죠.

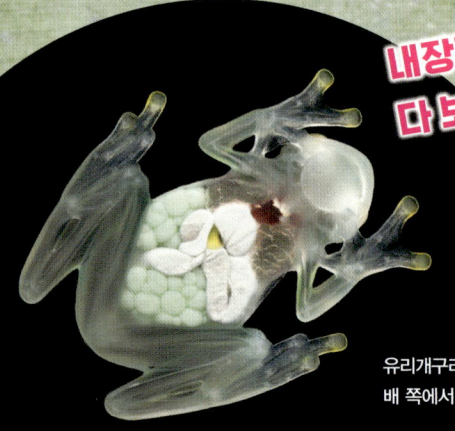

내장까지 다 보인다!

유리개구리를 배 쪽에서 촬영했어요.

라팔마유리개구리
등에 옅은 녹색 문양이 있을 뿐. 몸은 거의 투명해요. 내장이 비쳐 보여요.
● 약 2.5cm ● 중앙아메리카 ● 곤충

78 데이터를 보는 법: ● 크기 ● 사는 곳 ● 먹이

Q 왜 몸이 투명해졌나요?

A 몸에 색이 있던 생물들 사이에 우연히 투명한 몸을 지닌 개체가 태어났어요. 그러자 적이 발견하기 어려워져서, 색이 있는 개체보다 잘 살아남아 자손을 낳고 번식한 것으로 추측돼요.

남생이잎벌레 무리
딱정벌레류예요. 날개 네 장 중 윗부분에 있는 두 장이 딱딱해지고, 가장자리가 투명해졌어요.
🔴 8mm 🟠 중앙아메리카, 남아메리카
🔵 식물의 잎

큰날개매미충 무리
식물의 즙을 빨아 먹는 매미와 가까운 곤충이에요. 날개는 투명하고, 몸은 반투명한 녹색이에요.
🟠 뉴기니섬 🔵 식물의 즙

투명 동물

평소에는 천사

사냥 중에는 악마

유리망둑
몸이 투명한 망둑어류예요. 산호류인 실해송 등과 함께 생활해요.
●3cm ●태평양, 인도양 ●동물성 플랑크톤

무각거북고둥
클리오네라고도 하며, 고둥류예요. 내장을 제외한 몸이 투명해요. 바닷속을 헤엄치면서 바다나비 등의 조개를 발견하면 머리에서 촉수를 뻗어 사냥해요.
●1~4cm ●북극·남극권의 차가운 바다 ●조개

닭새우
닭새우의 필로소마라고 불리는 유생은 전신이 투명해요. 바닷속을 떠다니며 동물성 플랑크톤을 먹고 성장해요. 푸에룰루스라는 유생 시기를 거쳐 새끼 새우가 되면 색으로 물든 몸을 지녀요.
●3cm(유생) ●한반도 남쪽 연안, 일본 보소반도 이남의 태평양, 동중국해 ●조개, 성게 등

데이터를 보는 법: ●크기 ●사는 곳 ●먹이

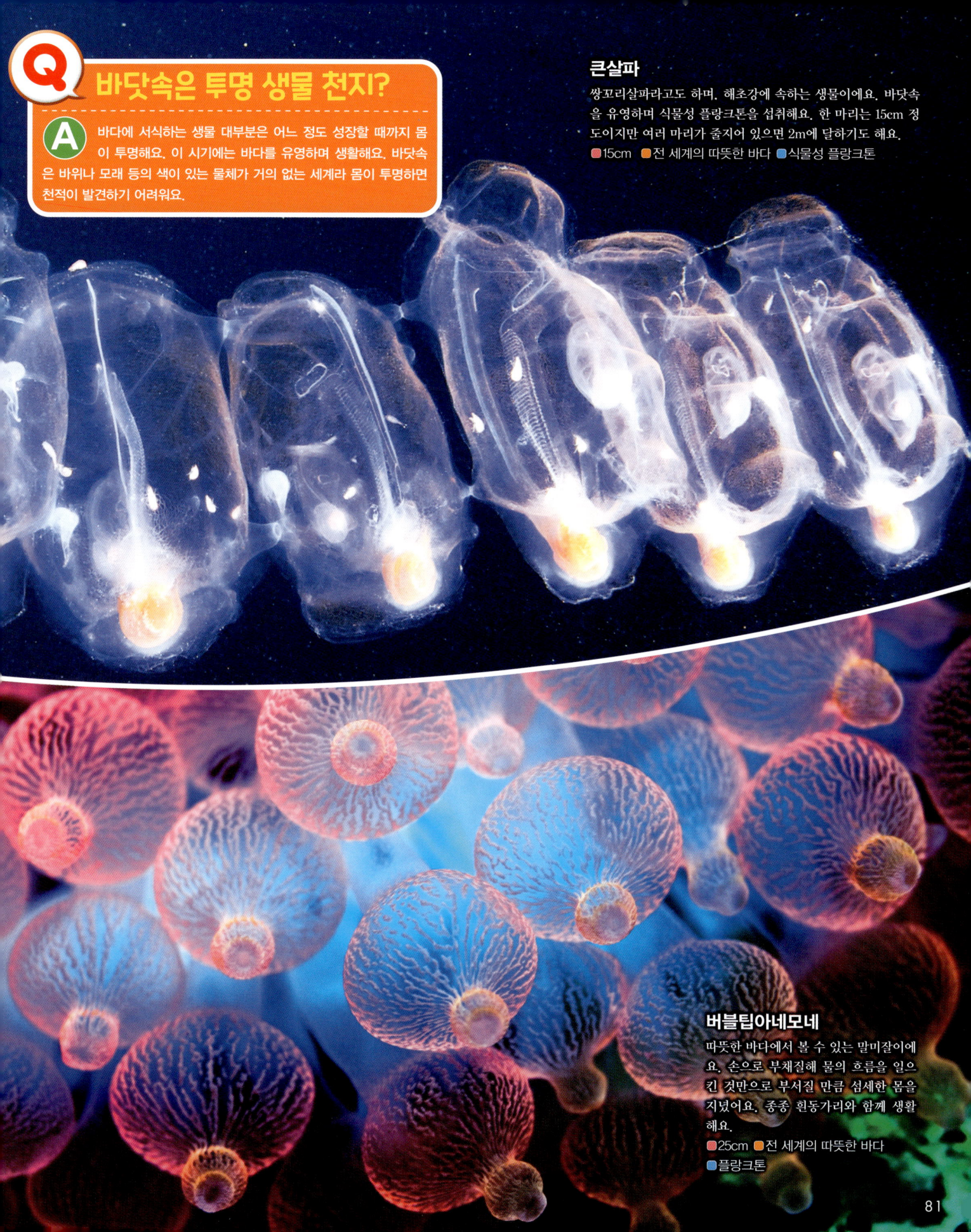

Q 바닷속은 투명 생물 천지?

A 바다에 서식하는 생물 대부분은 어느 정도 성장할 때까지 몸이 투명해요. 이 시기에는 바다를 유영하며 생활해요. 바닷속은 바위나 모래 등의 색이 있는 물체가 거의 없는 세계라 몸이 투명하면 천적이 발견하기 어려워요.

큰살파
쌍꼬리살파라고도 하며, 해초강에 속하는 생물이에요. 바닷속을 유영하며 식물성 플랑크톤을 섭취해요. 한 마리는 15cm 정도이지만 여러 마리가 줄지어 있으면 2m에 달하기도 해요.
- 15cm ● 전 세계의 따뜻한 바다 ● 식물성 플랑크톤

버블팁아네모네
따뜻한 바다에서 볼 수 있는 말미잘이에요. 손으로 부채질해 물의 흐름을 일으킨 것만으로 부서질 만큼 섬세한 몸을 지녔어요. 종종 흰동가리와 함께 생활해요.
- 25cm ● 전 세계의 따뜻한 바다 ● 플랑크톤

빛이 닿지 않는 신기한 세계
심해 생물

🔍 우에다 박사의 포인트!

심해란 수심 200m보다도 깊은 바다 영역으로, 지구 바다의 약 95%를 차지하고 있어요. 빛이 닿지 않아서 캄캄한 암흑으로 덮여 있고, 엄청난 수압에 의해 뭐든 으스러지는 가혹한 세계죠. 도저히 생물이 살 수 없어 보이지만, 최근에는 고성능 심해 탐사선에 의한 조사로 상상을 뛰어넘는 놀라운 생물이 많이 서식하는 것이 확인되었어요.

대왕오징어
심해 650~900m쯤에 서식하는 세계에서 가장 큰 오징어예요. 눈의 지름은 30cm나 되고 전체 생물 중에서도 최대급으로, 미약한 빛이어도 느낄 수 있어요. 19세기에는 몸길이 18m인 대왕오징어가 발견되었다는 설도 있어요.
🔴 4.5m(몸길이) 🟠 북극·남극을 제외한 전 세계의 바다 🔵 오징어, 물고기 등

Q 왜 대왕오징어는 이렇게나 큰가요?

A 크면 클수록 향유고래에게 먹히지 않으므로 점점 커졌다고 생각돼요.

향유고래
세계에서 가장 큰 이빨고래예요. 먹잇감을 사냥할 때 수심 2,000m까지도 잠수해요. 위 속을 조사해 보니 먹었던 대왕오징어의 턱이 발견되기도 했어요.
🔴 19m(수컷), 12m(암컷) 🟠 전 세계의 바다 🔵 오징어, 물고기

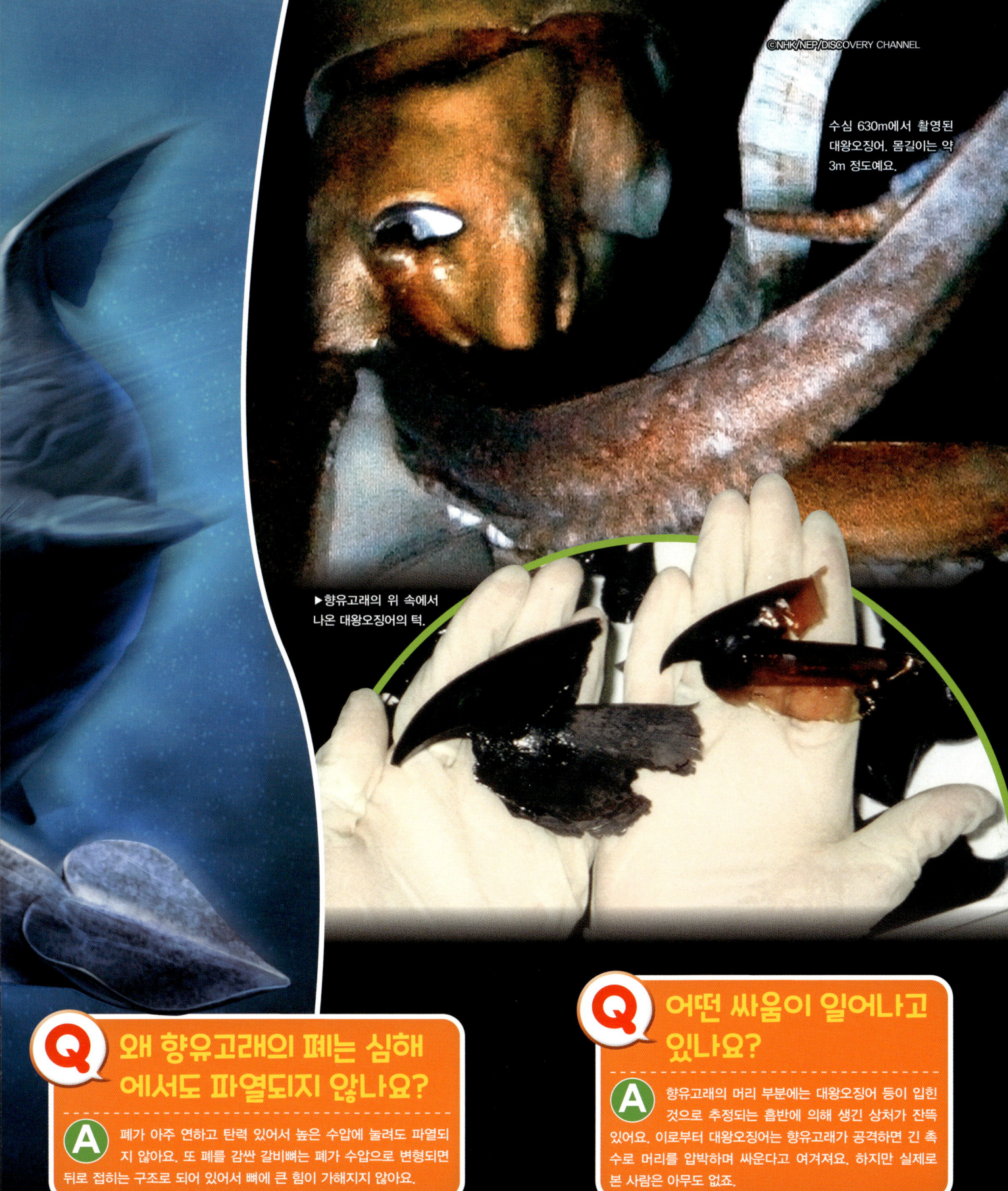

수심 630m에서 촬영된 대왕오징어. 몸길이는 약 3m 정도예요.

▶향유고래의 위 속에서 나온 대왕오징어의 턱.

Q 왜 향유고래의 폐는 심해에서도 파열되지 않나요?

A 폐가 아주 연하고 탄력 있어서 높은 수압에 눌려도 파열되지 않아요. 또 폐를 감싼 갈비뼈는 폐가 수압으로 변형되면 뒤로 접히는 구조로 되어 있어서 뼈에 큰 힘이 가해지지 않아요.

Q 어떤 싸움이 일어나고 있나요?

A 향유고래의 머리 부분에는 대왕오징어 등이 입힌 것으로 추정되는 흡반에 의해 생긴 상처가 잔뜩 있어요. 이로부터 대왕오징어는 향유고래가 공격하면 긴 촉수로 머리를 압박하며 싸운다고 여겨져요. 하지만 실제로 본 사람은 아무도 없죠.

심해 생물

마귀상어
일본 사가미만과 스루가만 등의 수심 1,000m가량인 바다에서 관찰돼요. 턱이 튀어나와 예리한 이빨로 먹잇감을 덮쳐요. 고블린상어라고도 해요.
- 🔴 3.3m 🟠 일본, 포르투갈 등
- 🔵 저생 소동물

Q 넓은주둥이상어는 왜 환상의 상어라고 불리나요?

A 포획이나 목격된 사례가 적고 자세한 생태가 알려지지 않아서 환상의 상어로 불려요. 2018년 12월 시점에서는 전 세계 포획 수는 135건, 일본의 경우에는 23건이 기록됐어요. 살아 있는 모습이 촬영된 사례도 아주 적지만, 2020년에는 일본 지바현 다테야마의 먼바다에서 살아 있는 넓은주둥이상어가 발견되었어요.

넓은주둥이상어
아주 크게 부푼 입을 지녔으며, 플랑크톤을 바닷물째로 빨아들이고 걸러 먹어요. 이빨은 길이 수 mm로 아주 작으며, 거친 줄칼처럼 돼 있어요. 수심 200m 정도에 서식하는 것으로 여겨져요.
- 🔴 4.4m 🟠 일본, 인도양, 태평양 🔵 플랑크톤

퉁소상어
은상어목 상어로, 수심 250m 정도인 깊은 바다에 서식하고 있어요. 입 끝에 코끼리 코 같은 돌기가 있으며, 이것을 흙에 꽂아서 조개나 갑각류를 파내 먹어요.
- 🔴 1.2m 🟠 오스트레일리아, 뉴질랜드 먼바다 🔵 저생 소동물

84 데이터를 보는 법 : 🔴 크기 🟠 사는 곳 🔵 먹이

Q 왜 심해에 상어가 있나요?

A 심해는 생물이 서식하기에는 먹이가 적은 험한 장소예요. 하지만 심해 환경에 적응하면 다툴 만한 다른 생물이 없으므로 경쟁 없이 생활할 수 있어요. 심해 상어는 심해에 서식함으로써 안심하고 살 수 있는 거예요.

그린란드상어
왼쪽 사진은 그린란드상어예요. 심해에 서식하는 상어지만, 차가운 바다에서는 먹잇감을 찾아 표층에도 모습을 드러내요. 헤엄을 아주 느리게 치는 것으로 알려져 있어요.
- 7m ● 북극해, 북대서양
- 물고기, 오징어와 문어, 게

뭉툭코여섯줄아가미상어
오른쪽 사진은 뭉툭코여섯줄아가미상어예요. 수심 2,000m 정도인 심해에서도 관찰돼요. 아가미구멍이 여섯 개 나 있으며, 원시적인 상어의 친척으로 알려져 있어요.
- 6m ● 전 세계의 심해
- 물고기, 갑각류, 오징어 등

심해 생물

Q 어떻게 심해를 조사하나요?

A 오른쪽에 보이는 '심해 6500' 같은 잠수 조사선 등에 사람이 타 조사하거나, 무인 수중 로봇을 사용해 조사해요.

유인 잠수 조사선 '심해 6500'
일본에서 개발한 잠수 탐사선이에요. 심해 6,500m 까지 사람이 탑승하고 잠수할 수 있어요. 운전사와 연구자를 합해 총 3명을 태우고 조사해요.

펠리컨장어
왼쪽 사진은 펠리컨장어예요. 머리의 대부분이 입이며 자루처럼 펼쳐져요. 수심 500~3,000m 근처에 서식하고 있어요.
- 🔴 75cm 🟠 전 세계의 온대·열대 바다
- 🔵 물고기, 새우와 게, 플랑크톤

Q 수압이 높은데 어떻게 살아 있나요?

A 물고기는 보통 부력을 조절하는 기체가 든 공기주머 니가 있어서, 심해에서 높은 압력이 가해지면 찌부 러져 압사해요. 하지만 심해어의 공기주머니는 기체 대신 기 름 등이 들어 있어서 파열되지 않아요. 또 세포도 압력에 강한 특수한 단백질로 이루어져 있어요.

태평양블랙드래곤피시
삼지창고기(일본명), 퍼시픽블랙드 래곤이라고도 해요. 턱밑에서 뻗어 나와 있는 끈 같은 것의 앞부분이 빛나 먹잇감을 유인해요. 수심 400~1,000m 근처에 서식해요.
- 🔴 50cm(암컷), 8cm(수컷)
- 🟠 북태평양 🔵 소형 생물

86 데이터를 보는 법 : 🔴크기 🟠사는 곳 🔵먹이

Q 심해에 서식하는 생물은 왜 기괴한 모습인가요?

A 심해는 새카맣고 먹이가 아주 적은 환경이에요. 그곳에서 살아가기 위해서 적은 먹잇감을 확실하게 잡을 수 있도록 입이 비정상적으로 커지거나, 새카만 곳에서도 먹이를 찾아낼 수 있도록 감각 기관이 아주 길어지는 등, 특수한 환경에 적응한 몸으로 진화했기 때문이에요.

바티노무스 기간테우스

수심 200~2,000m의 해저에 서식하는 세계 최대의 공벌레 친척이에요. 해저에 떨어지는 물고기나 고래 등의 사체를 섭취한다고 여겨져요.
●40cm ●대서양, 멕시코만, 인도양 ●물고기, 고래 등의 사체

심해이빨흑고기

귀신고기로도 불려요. 치어는 머리에 귀신의 뿔 같은 긴 가시가 있어요. 가시는 성체가 되면 사라져요. 얼굴이나 몸에 있는 줄기 같은 측선은 훌륭한 감각 기관이에요.
●18cm(몸길이) ●태평양, 대서양, 인도양 등 ●소형 생물

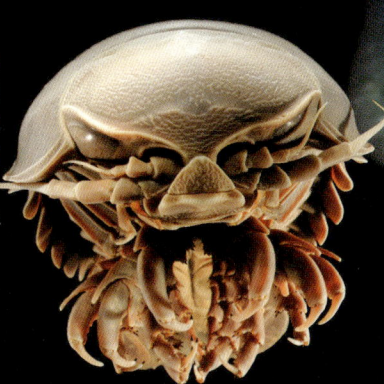

산갈치

위의 사진은 산갈치예요. 보통은 수심 200~1,000m 근처에 서식하지만, 드물게 얕은 바다에 출몰해 화제가 되기도 해요. 길면 10m에 달하기도 하며 경골어류 중 가장 큰 종이에요.
●5.5m ●태평양, 인도양 ●플랑크톤

큰살파벌레

새우, 게와 같은 갑각류에 속해요. 불우렁쉥이, 살파, 해파리 등 젤라틴 성분으로 이루어진 생물을 사냥해 먹어요. 암컷은 살파의 속을 먹고 안에 들어가, 바깥 껍질을 둥지 삼아서 알을 낳아요.
●3cm ●태평양, 대서양 ●해파리

큰입멍게

커다란 입 같은 구멍으로 바닷물을 빨아들여, 식물성 플랑크톤 등을 걸러 먹어요. 수심 300~1,000m가량의 해저에 서식해요.
●15~25cm ●일본 근해, 캘리포니아 먼바다, 남극 ●플랑크톤

 빛이 없는 심해에 먹을 게 있나요?

A 심해는 태양 빛이 거의 닿지 않아, 식물성 플랑크톤이 살아갈 수 없어서 먹을 것이 극히 적은 환경이에요. 하지만 생물의 배설물 등으로 이루어진 바다눈이나 고래 등의 사체가 귀중한 먹이가 돼요.

바다의 왕은 누구?

수중 최강 결정전

우에다 박사의 포인트!
바다에는 엄청난 능력을 지닌 강한 생물이 많아요. 그중에서도 최강을 다투는 생물들의 싸움을 구경해 봐요!

대왕고래
거대한 성체 대왕고래를 공격해 쓰러트릴 수 있는 생물은 거의 없다고 해요. 성격은 온순하며, 상대방을 보통 공격하지 않아요.
- 🟥 25m(수컷), 27m(암컷) 🟧 전 세계의 바다
- 🟦 크릴, 플랑크톤, 물고기

Q. 고래와 범고래 중 어느 쪽이 강한가요?

A. 세계에서 가장 큰 포유류인 대왕고래는 바다의 최강자라고 불리는 범고래라도 너무 커서 공격할 수 없을 거라고 해요. 하지만 몸 상태가 안 좋거나, 나이 들었거나, 몸집이 작은 새끼 대왕고래는 범고래에게 공격당해 잡아먹힐 가능성이 있어요.

88 데이터를 보는 법 : 🟥 크기 🟧 사는 곳 🟦 먹이

백상아리

공격적인 상어예요. 사람을 공격하는 사고도 일어나고 있어요. 수면 근처를 헤엄치는 바다거북이나 물개 등을 물고 공중으로 던지듯 날려, 약해진 틈에 사냥해요.
- 6.5m
- 전 세계의 온대·열대 바다
- 대형 물고기, 바다짐승, 바다거북

범고래

커다란 고래를 공격할 때는 무리 지어 고래를 포위한 후, 번갈아 가며 고래 위에 올라타 숨을 못 쉬게 괴롭혀서 질식사시켜요.
- 8m(수컷), 7m(암컷)
- 전 세계의 바다
- 바다짐승, 물고기, 오징어 등

Q 상어와 범고래 중 어느 쪽이 강한가요?

A 몸집이 큰 범고래가 강하다고 해요. 또 무리로 행동하는 범고래는 동료와 협력해 사냥을 하기 때문에 아무리 강한 대왕고래일지라도 노려지면 승산은 없어요.

※이 페이지는 야생에서는 좀처럼 관찰되지 않는 생물끼리의 대결을 시뮬레이션한 페이지예요. 그림은 생각할 수 있는 예시 중 하나이며, 항상 똑같은 상황이 된다고 보장하는 건 아니에요. 이 그림은 범고래가 대왕고래를 공격해, 피 냄새를 맡고서 백상아리가 나타난 장면이에요. 보통은 물릴 위험도 있으므로, 멀리서 보고 있는 백상아리를 범고래가 함부로 공격하는 일은 없다고 생각돼요.

밤에 노린다!
어둠의 사냥꾼

우에다 박사의 포인트!

쥐 등의 작은 동물은 낮에 천적에게 발각당하기 쉽고 위험하므로 모습이 잘 보이지 않는 밤에 활동해요. 하지만 그런 안전해야 하는 밤에도 무서운 사냥꾼들이 노리고 있어요. 그들은 눈으로 볼 수 없는 새카만 암흑 속에서도 작은 소리를 듣거나, 초음파 등의 특별한 능력을 이용해 먹잇감을 잡을 수 있어요.

먹잇감을 향해 급강하!

원숭이올빼미
날개의 깃털이 특수한 구조로 돼 있어서 날갯짓해도 소리가 나지 않아요. 그 덕분에 먹잇감인 쥐에게 들키지 않고 사냥할 수 있어요.
- 29~44cm
- 유럽, 아프리카, 동남아시아, 남북아메리카
- 소형 포유류

데이터를 보는 법 : ■크기 ■사는 곳 ■먹이

작은 소리도 절대 놓치지 않아!

큰위흡혈박쥐
육식성 박쥐로, 쥐나 작은 새를 잡아먹어요. 쥐가 움직일 때 나는 소리를 듣고 사냥하기 때문에 미세한 소리도 들을 수 있도록 귀가 매우 커졌어요.
- 📏 7.5~9cm 🌏 동남아시아
- 🍖 소형 포유류, 새

Q 박쥐가 초음파를 이용한다는 게 사실인가요?

A 소형 박쥐류는 인간의 귀에는 들리지 않는 높은음인 '초음파'를 입이나 귀에서 내보내요. 그리고 반사된 소리를 듣고 먹잇감이나 장애물의 위치를 파악할 수 있죠. 이를 '반향정위'라고 해요. 덕분에 아무것도 보이지 않는 암흑 속에서도 장애물에 부딪히지 않고 먹잇감을 사냥할 수 있어요.

Q 왜 어둠 속에서도 먹잇감을 잡을 수 있나요?

A 원숭이올빼미는 사냥할 때 눈을 거의 쓰지 않고, 먹잇감이 내는 소리에 의존해요. '안반(顔盤)'이라고 불리는 얼굴의 평평한 부분이 발달하여 소리를 모으는 역할을 하므로 작은 소리라도 잘 들을 수 있어요. 또 좌우 귓구멍 위치의 높낮이가 달라, 그 차이를 이용하여 소리가 난 위치를 정확하게 파악하고, 새카만 어둠 속에서도 사냥할 수 있는 거예요.

어둠의 사냥꾼

투망거미 무리
커다란 눈이 특징인 거미예요. 커다란 눈이라면 어둠 속에서도 잘 보이죠. 또한, 눈 두 개가 앞에 늘어서 있는 것은 먹잇감과의 거리를 정확하게 파악하기 위함이에요.
■1.5~2.5cm ■오스트레일리아 동부 ■곤충

그물을 펼쳐라!

Q 어떻게 사냥하나요?

A 땅보다 살짝 높은 곳에 있는 가지나 풀 등에서 아래를 향하고 붙어, 먹잇감을 사냥하기 위한 작은 사각형 그물을 앞발로 준비해요. 그리고 접근해 온 먹잇감을 향해 그물을 던져 덮음으로써 붙잡아요.

Q 특이한 사냥법을 지닌 다른 거미는 없나요?

A 한국과 일본에 서식하는 여섯뿔가시거미는 암컷 나방이 수컷을 유혹할 때와 같은 성분의 향을 뿜어 수컷 나방을 유인해요. 수컷 나방이 가까이 오면 끝에 점액이 묻은 실 하나를 올가미처럼 빙빙 돌려서 붙여 잡아요.

이제 도망칠 수 없어……

믿기지 않는 생명력
극한 생물

극한 생물

예리한 발톱
여덟 개의 다리가 있고, 끝에는 예리한 발톱이 달려 있어요.

👀 우에다 박사의 포인트!
산소가 없는 환경과 작열하는 환경에서는 보통 생물이 살 수 없어요. 하지만 개중에는 그런 장소에서도 멀쩡하게 사는 생물이 있죠. 그 놀라운 생물들을 소개할게요! 먼저 완보동물부터 만나 볼까요?

나무통 상태로 변신!
주변 환경이 건조하면 몸의 수분을 점차 줄여서, 나무통 모양으로 변하는 가사 상태가 되어 여러 가혹한 환경을 견딜 수가 있어요. 그리고 다시 수분이 채워지면 보통 모습으로 돌아가 활동을 시작해요.

완보동물
'건면'이라고 불리는 상태가 되면 약 150℃의 고온과 영하 250℃의 저온에서도 죽지 않고 생존할 수 있어요. 그 강한 몸 덕분에 완보동물은 표고 6,000m의 고산부터 수심 150m의 바닷속, 북극이나 남극 등까지 여러 환경에 서식하고 있어요. 전 세계에 1,000종, 일본의 경우 100종 이상이 있으며, 종에 따라 내성에 차이가 있어요.
- 🔴 0.15~0.5mm 🟠 전 세계
- 🔵 조류, 윤형동물, 선형동물 등

로봇 같은 얼굴
둥근 부분은 입이에요. 입에는 한 쌍의 예리한 바늘 같은 이빨이 있어요. 이것을 움직여서 먹잇감인 세포에 구멍을 내고 즙을 빨아 먹어요.

데이터를 보는 법: 🔴 크기 🟠 사는 곳 🔵 먹이

우주로 진출!

Q 우주 공간에서도 죽지 않나요?

A 완보동물은 건면 상태가 되면 극단적인 고온과 저온도 견딜 수 있어요. 진공과 방사선에도 강하며, 실제로 우주 공간에서 진공 자외선을 쬐어도 죽지 않은 완보동물이 있었어요.

Q 열수 분출공, 유수역은 어떤 장소인가요?

A 열수 분출공은 지열로 달궈진 물이 해저에서 뿜어져 나오고 있는 곳이에요. 열수에는 많은 화학 물질이 녹아 있어서 온도가 400℃를 넘기도 해요. 열수에 포함된 광물에 의해 침니(굴뚝)가 만들어져요. 유수역은 판이 서로 부딪히는 장소이며 단층에서 화학 물질을 포함한 물이 솟아 나오고 있어요. 열수와 유수에는 인간에게 해로운 유화 수소나 메탄이 포함돼 있지만, 이들 물질을 에너지원으로 하는 심해 생물에게는 오아시스 같은 환경이에요.

심해개적구(일본명)
학명은 'Bathymodiolus japonicus'예요. 다리에서 뿜는 실(족사)로 침니나 바위 표면에 붙어 있어요. 아가미에 메탄 산화 세균이 공생하고 있어, 세균이 만드는 영양으로 살아요.
- 🟥10cm(껍질 길이), 6.5cm(껍질 높이) 🟧일본 사가미만의 유수역, 일본 오키나와 트로프 주변의 열수 분출공 🟦공생 세균이 만드는 유기물

유노하나게(일본명)
열수 주변의 동물이나 증식한 박테리아(세균)가 만드는 매트를 먹는다고 생각돼요.
- 🟥6cm(등딱지 길이)
- 🟧일본 오가사와라 해구에서 마리아나 근해, 오키나와 트로프 등의 열수 분출공
- 🟦동물이나 박테리아 매트

사쓰마서관충(일본명)
자신이 만든 서관(棲管) 속에서 살며, 지름 10m, 높이 5m를 넘는 거대한 무리를 만들기도 해요. 체내의 공생 세균이 유화 수소를 토대로 영양을 만들어요.
- 🟥50~100cm(몸길이) 🟧일본 가고시마만 서관충 사이트, 난카이 트로프 주변(둘 다 유수역), 북마리아나 제도 해역 닛코 해산(열수 분출공)
- 🟦공생 세균이 만드는 유기물

비늘발고둥
다리가 비늘로 덮여 있어요. 비늘과 껍질에는 황화철이 포함되어 있기도 해요. 몸속의 공생 세균에서 나온 황과 열수 속의 철분이 반응해서 황화철 비늘을 만드는 듯해요.
- 🟥5cm(껍질 높이), 4cm(껍질 폭)
- 🟧인도양의 열수 분출공 🟦공생 세균의 에너지 공급

극한 생물

Q 남극해에 생물이 있나요?

A 얼음으로 둘러싸인 남극 바다에는 아무런 생물도 서식하지 않을 것 같지만, 사실 생물의 보고예요. 육상 기온이 영하 수십 도가 되더라도 수온은 영하 2도 정도로만 내려가기 때문에 의외로 따뜻해요. 또 여름에 폭발적으로 번성하는 식물성 플랑크톤에 기반한 남극크릴새우 등의 생물이 대량으로 존재하죠. 그 크릴을 찾는 고래나 펭귄 등이 모여들어 와요.

남극에 산다!

유령해파리
1986년에 발견된 거대한 해파리로, 남극해에 서식해요. 크게 펼쳐진 갓 부분이 지름 1.2m 이상에 달해요.
- 1.2m
- 남극반도 근해
- 플랑크톤

데이터를 보는 법 : ■크기 ■사는 곳 ■먹이

데이노코쿠스 라디오두란스
(Deinococcus radiodurans)
방사선에 강한 세균으로 알려져 있어요. 사람의 세포가 죽는 방사선 양의 1,000배를 쬐어도 죽지 않아요.
- 전 세계

방사선이 안 통해!?

히말라야에 산다!

노랑부리까마귀
알파인초프라고도 해요. 알프스와 히말라야 등의 고산에 서식하는 까마귀예요. 산소 농도가 지상의 3분의 1밖에 되지 않는 표고 8,335m에서도 멀쩡히 살고 있어요.
- 37~39cm
- 유럽이나 아시아의 고산
- 동물의 사체, 식물의 씨앗

사막에서 산다!

앙시에타사막도마뱀
사막에 서식하는 도마뱀이에요. 뜨거운 모래 위에서 화상을 입지 않기 위해 네 다리를 들고 있어요.
- 10~12cm
- 나미비아, 앙골라
- 곤충 등

지하 세계에서 발견!

동굴에 살다

우에다 박사의 포인트!

석회암 동굴 등의 깊숙한 장소에는 독특한 생물이 서식하고 있어요. 동굴에 서식하는 많은 생물은 눈이 퇴화해 없어졌는데, 이는 빛이 닿지 않는 새카만 곳이라 필요하지 않기 때문이에요. 몸이 새하얀 건 유독한 자외선이 닿지 않으므로 피부를 지키는 멜라닌 색소가 없어서예요. 또 동굴은 각각 독립된 환경이기 때문에 그곳에 서식하는 생물은 독자적인 진화를 거쳐 고유한 생물이 됐어요.

동굴도롱뇽붙이

동굴영원이라고도 해요. 유생일 때는 눈이 보이지만 성장하면 눈이 퇴화해 볼 수 없게 돼요. 먹이가 없어도 10년 가까이 생존할 수 있으며, 수명은 100년 이상이라고 여겨져요. 멸종 위기종이에요.
🟥25~40cm 🟧슬로베니아, 크로아티아, 보스니아 헤르체고비나 🟦새우, 게 등

Q 왜 동굴에 서식하나요?

A 새카만 동굴은 언뜻 보면 생물이 살기 힘든 환경으로 보이지만, 온도가 일정하고 천적이 거의 없어요. 특수한 환경에 적응하기만 하면 아주 안심하고 살 수 있는 장소예요.

데이터를 보는 법 : 🟥크기 🟧사는 곳 🟦먹이

Q 동굴에 먹을 것이 있나요?

A 동굴 내부에는 빛이 닿지 않아서 식물이 별로 없어요. 생물이 먹을 만한 게 거의 없죠. 하지만 물의 흐름이나 바람을 통해 마른 잎 등이 운반되고, 그것을 먹는 옆새우 등의 갑각류가 서식하고 있어요. 그 갑각류를 동굴도롱뇽붙이나 물고기가 섭취해요. 또한, 박쥐가 있는 동굴에는 대량의 변이 땅에 떨어져 생물들의 먹이가 되고 있어요.

글로우웜(아라크노캄파 유충)

아라크노캄파 유충은 동굴 천장에서 오른쪽 사진처럼 발광하는 점액 실을 늘어뜨려, 날아오는 곤충을 잡아먹어요.
● 3mm ● 뉴질랜드, 오스트레일리아 ● 곤충 등

Q 그 밖에 어떤 생물이 있나요?

A 포유류인 박쥐, 조류인 기름쏙독새나 칼새 무리 등이 동굴에 서식하고 있어요. 이 생물들은 자기가 내보내는 소리를 장애물에 반사해 위치를 파악하는 '반향정위'라고 불리는 방법을 이용해요. 이를 통해 새카만 동굴에서도 벽에 부딪히지 않고 날아다닐 수 있어요.

장님동굴카라신

케이브테트라고도 해요. 눈이 퇴화해 볼 수 없지만, 몸 옆에 있는 감지 기관이 민감해요. 그래서 바위 등의 장애물을 만나도 부딪히지 않아요.
● 8cm ● 멕시코 ● 소동물

고대부터 변함없는 모습
살아 있는 화석

살아 있는 화석

주름상어
심해에 서식하는 원시적인 상어예요. 아가미구멍이 여섯 쌍이나 되는 등, 3억 5,000만 년 전쯤에 서식했던 고대 상어와 같은 특징의 몸을 지녀 살아 있는 화석이라고 불려요.
■2m ■전 세계의 심해 ■오징어, 물고기

데이터를 보는 법 : ■크기 ■사는 곳 ■먹이

우에다 박사의 포인트!

먼 옛날부터 모습을 거의 바꾸지 않고 현재도 살아 있는 생물을 '살아 있는 화석'이라 불러요. 그중에는 공룡 시대 때부터 모습이 변하지 않고 살아온 생물도 있어요. 실은 바퀴벌레와 은행나무 등의 친숙한 생물 중에도 '살아 있는 화석'이 있어요.

Q 왜 고대부터 변하지 않았나요?

A 살아 있는 화석이 많이 있는 심해, 독립된 섬 등은 환경의 변화가 적고 천적이 거의 없어요. 그래서 모습이 변하지 않은 채 지금까지 살아온 것으로 여겨져요.

개맛(Lingula)

한눈에는 쌍각류 조개처럼 보이지만, 완족동물이라 불리는 생물로 조개와는 달라요. 5억 년 전의 화석이 발견되었으며 지금도 그 모습이 거의 변하지 않았어요.
●4~10cm ●전 세계의 따뜻한 바다 ●플랑크톤

▲영국 요크셔주에서 발견된 쥐라기(2억 130만 년 전~1억 4,500만 년 전) 개맛 화석.

살아 있는 화석

오리너구리
오리너구리는 소변, 대변을 내보내는 구멍과 알을 낳는 구멍이 같아서 단공류라고 불려요. 현재 살아 있는 동물 중 가장 원시적인 포유류예요.
- 45~60cm
- 오스트레일리아 동부, 태즈메이니아섬
- 곤충, 게, 새우, 조개, 물고기

투아타라
2억 년 전부터 모습이 변하지 않았어요. 도마뱀과 닮았지만, 더 원시적인 파충류예요. 머리 꼭대기에 눈 같은 기관이 있어 밝기를 감지할 수 있어요. 성장이 아주 느려 100년 이상 살 수 있어요.
- 65~71cm
- 뉴질랜드 북부의 섬
- 곤충, 새의 알이나 새끼 등

실러캔스
백악기 끝(6,600만 년 전)에 멸종된 것으로 여겨졌지만, 1938년에 남아프리카 공화국 동해 연안의 깊이 약 70m 해저에서 발견되었어요. 인도네시아에서도 실러캔스의 다른 종이 발견되었어요.
- 1.8m
- 아프리카 남동부
- 물고기

Q 포유류인데 알을 낳는다고요?

A 오스트레일리아는 빠른 단층으로 다른 대륙과 떨어져 독립되었어요. 그래서 천적이 적고, 새끼를 알로 낳아도 먹힐 걱정이 없어 살아올 수 있었다고 추측돼요.

104 데이터를 보는 법 : 크기 사는 곳 먹이

동아프리카폐어
아프리카에 서식하는 가장 작은 폐어예요. 폐어 무리는 약 4억 년 전 데본기에 출현한 물고기예요. 현재는 아프리카와 오스트레일리아, 남아메리카에 6종만이 존재하죠. 폐를 지녔으며 수면에 입을 내밀고 공기를 빨아들여요.
■45~50cm ■아프리카 ■지렁이, 물고기, 새우 등

물이 없어도 호흡할 수 있는 일부 폐어 무리는 비가 내리지 않고 물이 말라붙는 건기에도 다음 우기까지 땅속에서 '여름잠'이라고 불리는 상태로 지낼 수 있어요. 사진은 땅에서 파낸 폐어예요.

Q 실러캔스의 지느러미에 비밀이 있나요?

A 실러캔스의 가장 큰 특징은 다리처럼 보이는 네 개의 지느러미예요. 지느러미는 골격이 견고하여, 다리처럼 사용해 후진하거나 옆으로 이동할 수 있어요. 이로부터 실러캔스는 네 발로 걷는 양서류로 진화하기 전인 물고기가 아닐까 하고 여겨졌어요. 실러캔스의 유전자를 조사한 최근 연구에 의하면, 실러캔스는 물고기지만 물고기와 양서류의 유전자를 모두 갖고 있다는 것이 확인되었어요.

압도적인 대집단
거대한 무리

우에다 박사의 포인트!

생물은 수천수만이라는 거대한 무리를 짓기도 해요. 도대체 왜 이렇게 거대한 집단을 이루는 걸까요? 그건 유리한 점이 있기 때문이에요. 어떤 장점이 있는지 확인해 보도록 해요.

먹히기 어렵다!?

산호상어
열대 지방의 바다에 서식하는 상어예요. 산호초가 있을 법한 환경에서 볼 수 있어요. 사진은 무리 지은 작은 물고기를 잡아먹으려고 노리는 모습이에요.
■2.5m ■인도양, 대서양 ■물고기, 오징어

Q 왜 작은 물고기가 이렇게 잔뜩 모이나요?

A 수가 많으면 많을수록 자신이 천적에게 먹힐 위험성이 낮아지기 때문이에요. 안전을 위해 여러 마리의 물고기가 모여 거대한 집단을 이루죠. 이를 베이트 볼(Bait ball)이라고 하며, 베이트 볼을 만드는 물고기는 정어리, 청어 등이 있어요.

바다코끼리 섬!?

바다코끼리
북극에 서식하는 거대한 바다짐승이에요. 길이 1m에 달하는 거대한 엄니로 해저의 조개를 파내 먹어요.
● 3.6m(수컷), 3m(암컷)
● 북극권
● 조개, 성게, 새우, 물고기

Q 바다코끼리는 왜 모이나요?

A 휴식이나 번식을 하기 위해서예요. 사진은 휴식하기 위해 모인 무리예요. 이런 무리는 대부분 어린 수컷과 암컷으로 돼 있어요. 또한, 큰 집단을 형성하는 것은 북극곰의 공격에서 벗어나려는 의미도 있는 듯해요.

거대한 무리

▼2020년, 케냐에서 촬영된 사막메뚜기 떼.

Q 어째서 대량 발생하나요?

A 사막에 큰비가 내리면 먹이인 풀이 잔뜩 나기 때문에 대량 발생해요. 사막메뚜기 수가 늘어 밀도가 커지면, 장거리를 날아 이동하는 데 적합한 날개가 긴 유형이 탄생하죠. 이들이 풀을 찾아 대이동을 하기 시작해요.

사막메뚜기
사막이나 반사막 지대 등의 건조한 땅에 서식하는 메뚜기예요. 큰비가 내리면 대량 발생해요. ■40~60mm
■아프리카, 중동, 아시아 ■식물

Q 어떤 피해가 발생하고 있나요?

A 식물 500종 이상을 먹기 때문에 사막메뚜기 떼에게 습격받은 밭은 농작물이 전부 물어뜯기고 말아요. 또한, 가축의 먹이인 식물도 먹으므로 가축을 기를 수가 없게 되어 식량 부족으로 이어지죠. 지금까지 약 60개국, 지구 육지 면적의 약 20%가 피해를 받고 있다고 해요.

▲사막메뚜기 위험도를 표시한 2020년 4월 지도. 노란색은 주의해야 할 나라, 주황색은 농작물에 피해가 생길 위험이 있는 나라예요.

▲식물에 모여 표면을 완전히 덮은 사막메뚜기.

▼거미불가사리류는 가늘고 긴 팔 다섯 개를 지녀요. 심해에는 거미불가사리류가 빼곡하게 해저를 뒤덮고 있는 장소가 많이 발견되고 있어요.

힘을 합쳐 물고기를 덮친다!!

◀와타세스랜턴피시

살시빗살거미불가사리
해저에 발 디딜 곳 없을 만큼 대군으로 서식하고 있어요. 평소에는 해저의 퇴적물을 먹지만, 헤엄치고 있는 크릴류나 랜턴피시류 등을 긴 팔로 잡아먹는 모습도 알려져 있어요.

🔴 40mm까지(반경)　🟠 환북극대
🔵 해저의 퇴적물, 물고기류, 크릴류

거대한 무리

커다란 턱이 발달한 병정개미.

먹잇감을 공격하는 병사 역할의 중형 일개미.

일개미

병정개미

Q 군대개미는 다리를 만드나요?

A 군대개미류는 이파리의 끝 등 그 이상 나아갈 수 없는 곳에서 개미들끼리 몸을 이어 다리를 만들어요. 이를 통해 떨어진 잎이나 나뭇가지로 이동해요.

하마툼군대개미

둥지를 만드는 습성이 없고, 수백만 마리가 넘는 엄청난 수로 열대 우림을 이동하며 생활해요. 무리에는 크기가 다른 개미가 있으며 각각의 역할이 달라요.
- 1.5~2cm
- 중앙아메리카에서 남아메리카 북부
- 곤충, 소동물

단체 체조?

합체해서 거대한 새가 출현!

흰점찌르레기

저녁에 잘 곳으로 이동할 때 엄청난 수의 무리를 이뤄요. 그 수는 때로 200만 마리를 넘기도 해요.
- 21cm / 한국, 유라시아
- 곤충, 열매

Q 새는 왜 거대한 무리를 이루나요?

A 수가 많을수록 천적이 자신을 노릴 위험이 줄어들기도 하고, 많이 모여 있는 편이 천적의 접근을 빨리 알 수 있기 때문이에요. 또 집단으로 천적을 공격해서 알과 새끼를 보호할 수도 있어요.

킹펭귄 무리.

동물들의 신비한 생활

바이오로깅

우에다 박사의 포인트!

동물은 육지와 바다, 하늘까지도 자유자재로 이동하고 있어 사람이 관찰하는 데는 한계가 있어요. 그래서 '데이터 로거'라고 불리는 작은 기계를 동물의 몸에 붙여 움직임을 기록하고, 무엇을 하는지 명확히 밝히는 것이 바이오로깅이에요. 지금까지 고래와 물범 등의 포유류를 시작으로 물고기, 새, 파충류 등 다양한 동물에게 기계를 부착하여 전혀 알려지지 않았던 행동들을 차례차례 밝혀내고 있어요.

수조 속에서 몸을 옆으로 약 60도 기울이면서 헤엄치는 큰귀상어.

Q 큰귀상어는 왜 기울어서 헤엄치나요?

A 큰귀상어의 등지느러미에 기록계를 붙여서 헤엄치는 모습을 조사해 봤어요. 몸을 오른쪽으로 60도 정도 넘어뜨리고 5~10분 헤엄치고, 이번에는 왼쪽으로 60도 정도 넘어뜨리고 헤엄친다는 움직임을 반복하고 있었죠. 이 이유를 알아보기 위해 큰귀상어의 모형을 만들어서 모형에 작용하는 힘을 측정해 보니, 상어의 몸이 60도 정도 기울었을 때 물의 저항을 최소한으로 억누를 수 있다는 것을 알 수 있었어요. 큰귀상어의 몸이 옆으로 기울어지면 긴 등지느러미가 비행기 날개처럼 작용해서 가라앉지 않고 헤엄칠 수 있는 거죠. 즉 큰귀상어는 에너지를 절약하면서 유영하기 위해 이런 신기한 헤엄 방식을 쓰는 거예요.

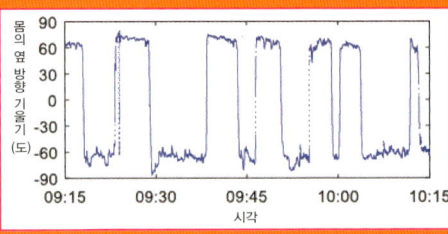

▲몸의 기울기 변화를 나타낸 그래프예요. 몸이 향한 방향이 5~10분 정도마다 반대가 되는 것을 알 수 있어요.

112 데이터를 보는 법: ■크기 ■사는 곳 ■먹이

큰귀상어
망치 같은 형태의 머리와 길고 큰 등지느러미가 특징적인 상어예요.
- 6m(몸길이)
- 일본, 전 세계의 열대·온대 바다
- 물고기, 오징어, 문어, 갑각류

Q 바이오로깅에 어떤 기계가 사용되나요?

A 카메라(①) 또는 자세나 움직임을 측정하는 가속도 센서나 프로펠러의 회전수로 헤엄치는 속력 등을 재는 속도 센서를 탑재한 행동 기록계(②), 위치를 기록하는 GPS 데이터 로거(③) 등 다양한 기계가 개발돼 있어요. 또 동물에게 장착된 기계는 이후 회수하거나 인공위성을 통해 귀중한 데이터를 얻을 수 있어요.

최근에는 아주 작은 기계도 만들 수 있게 되어, 조그만 곤충 등에게도 붙일 수가 있어요. 왼쪽 사진은 무게 0.2g 정도인 발신기를 장착한 말벌이에요.

바이오로킹

Q 브라이드고래는 어떻게 먹잇감을 잡나요?

A 대만에 서식하는 브라이드고래에게 기록계와 비디오카메라를 붙여 조사해 봤어요. 그 결과, 서서 헤엄치며 입을 크게 벌리고, 먹잇감인 작은 물고기가 입에 뛰어들어 오는 것을 기다리고 있는 행동을 확인할 수 있었죠. 원래 브라이드고래는 입을 벌리고 작은 물고기 등의 무리에게 돌진해서 식사한다고 알려져 있었는데, 그뿐만이 아니라 물고기가 오는 것을 기다리는 방법도 사용한다는 사실을 알았어요. 브라이드고래는 다양한 환경에 유연하게 대응하며 살고 있다고 여겨져요.

서서 헤엄치며 입을 벌리고 작은 물고기를 기다리는 브라이드고래.

Q 향유고래와 물범은 어떻게 자는지 밝혀졌나요?

A 바다에서 생활하는 고래와 물범이 어떻게 자는지는 오랫동안 잘 알려지지 않았어요. 헤엄치는 속도나 자세, 잠수하는 깊이 등을 기록하는 데이터 로거를 고래와 물범에게 붙여 보니, 향유고래는 머리를 위로 향하거나 아래로 둔 자세로 자는 것이 확인되었죠. 북방코끼리물범은 천천히 나선형으로 잠수하면서 자고 있다고 생각되는 결과가 확인되었어요. 물범 중에서는 해저에 부딪혀도 위를 보는 상태로 5분이나 그대로 있던 사례도 있었어요.

●북방코끼리물범이 자는 방법

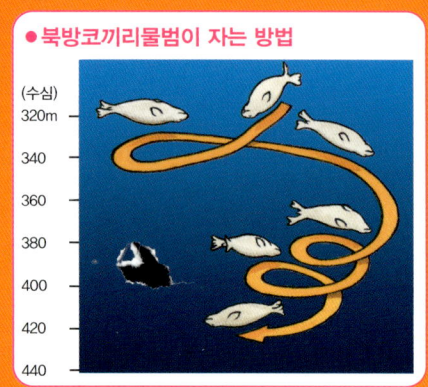

해초 이불에서 위를 보며 자는 잔점박이물범.

세로로 잠든 향유고래.

Q 철새는 날면서 자는 건가요?

A 큰군함조에게 소형 뇌파계를 달아서 이동하고 있는 도중의 수면 뇌파를 측정해 보니, 하루에 약 40분을 날면서 자고 있다는 것이 밝혀졌어요. 그 수면 시간 대부분은 뇌의 좌우를 번갈아 쉬게 하는 '반구 수면'으로, 뇌의 반은 깨어 있어서 안전하게 계속 날 수가 있죠. 큰군함조는 지상에서는 하루 9시간 이상도 수면한다고 하므로, 이동 도중에는 평소보다 훨씬 적은 시간을 자는 듯해요.

이동할 때는 수개월을 계속해서 나는 큰군함조.

Q 대왕고래의 심장에는 비밀이 있나요?

A 2019년, 세계 최초로 대왕고래의 심박 수 측정에 성공했어요. 해수면에 있을 때 대왕고래의 심박 수는 1분당 약 35회 정도지만, 잠수하여 먹잇감을 잡을 때는 최저 2회까지 내려간다는 것이 알려졌어요. 심박 수를 크게 변화시킴으로써 물속에서 효율적으로 행동할 수 있는 거예요. 연구팀은 차후 기계를 개량해서 더욱 자세한 데이터를 얻거나 참고래, 혹등고래, 밍크고래 등의 심박 수도 측정하는 것을 목표하고 있어요.

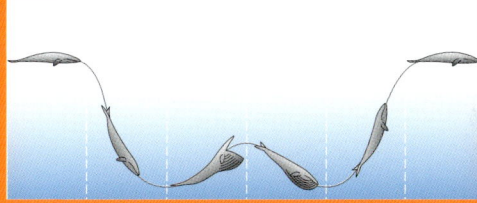

◀대왕고래가 깊게 잠수하면 심박 수가 대폭 내려가고, 부상하여 호흡하면 심박 수가 올라갔어요.

Q 바이칼물범은 어떤 먹이를 먹나요?

A 바이칼호에 사는 바이칼물범에게 비디오카메라와 데이터 로거를 붙여 본 결과, 매우 작은 옆새우를 하루에 몇천 마리나 먹고 있다는 것이 명확해졌어요. 지금까지 조사된 수생 포유류 중에 가장 작은 먹이를 먹고 살고 있는 거예요. 바이칼물범은 들쭉날쭉한 특수한 이를 가지고 있는데, 이는 먹이와 함께 입안에 들어오는 호수 물을 밖으로 내보내는 데 도움이 되는 듯해요.

◀바이칼물범의 이.

Q 알바트로스가 밀어선을 발견했다고요!?

A 알바트로스는 먹잇감인 물고기를 잡기 위해, 바다에서 고기잡이하는 어선을 발견하면 쫓아가는 습성이 있어요. 알바트로스의 등에 발신기나 안테나를 붙여서 배를 추적해 본 결과, 쫓아간 배의 약 30%가 모든 어선에 붙어 있는 식별 장치의 전원을 끄고 있다는 것을 알았죠. 이 배들은 몰래 고기잡이를 하고 있을 가능성이 크다고 해요.

데이터를 얻은 알바트로스의 일종인 나그네알바트로스.

불가사의한 왕국
생물들의 사회

꿀단지개미
오스트레일리아 건조 지대에 서식하고 있는 개미예요. 꿀단지개미 무리는 오스트레일리아와 북아메리카, 남아프리카 등의 건조 지대에 약 34종이 서식하고 있어요.
- 1.2~1.7cm ● 오스트레일리아
- 꽃의 꿀, 곤충

🔍 우에다 박사의 포인트!

생물 중에는 여왕, 일꾼, 병정 등의 역할로 나뉘어 집단 사회생활을 하는 생물이 있어요. 여왕은 알을 낳고, 일꾼은 먹이를 찾아 운반하거나 둥지를 만들고 수리해요. 병정은 적으로부터 둥지를 지키기 위해 싸워요. 그리고 각각의 역할에 알맞은 생김새를 지녔으며 일꾼과 병정은 절대 알을 낳지 않아요. 이러한 사회성을 지닌 동물을 '진사회성 동물'이라고 해요.

일본꿀벌(일본명)

한 마리의 여왕벌과 수백 마리의 수컷 벌, 수만 마리의 일벌이 큰 집단을 이루며 생활해요. 일벌은 모두 암컷이지만, 절대 알을 낳지 않아요.

🟥 1.2~1.3cm(일벌) 🟧 일본
🟦 꽃의 꿀

봉구(蜂球)

장수말벌이 둥지를 공격하면 일본꿀벌은 일벌들이 에워싸 열로 죽이는 '봉구'라는 공격을 감행해요.

Q 꿀단지개미는 먹을 수 있나요?

A 오스트레일리아의 원주민인 애버리지니 사람들은 꿀단지개미를 식용으로 삼고 있어요. 생으로 꿀 부분만 뜯어내듯 먹어요. 달아서 간식으로 먹을 수 있다고 해요.

▲꿀단지개미의 꿀은 먹을 수 있어요.

Q 왜 뱃속에 꿀을 저장하는 건가요?

A 꿀단지개미 사회에는 일개미가 채취한 꽃의 꿀을 몸에 담아 두는 저장 전문 개미가 있어요. 건조 지대에 서식하고 있어서 꽃의 꿀이 풍부한 시기에 저장해 둘 필요가 있죠. 먹이가 부족해지는 계절에는 저장해 뒀던 꿀을 다른 개미가 먹으며 살아남아요.

가위개미

잎꾼개미라고도 해요. 중앙아메리카에서 남아메리카의 열대 우림에 서식해요. 한 둥지에 100만 마리의 개미가 서식하고 있어요. 일개미는 세 종류로, 둥지나 행렬을 지키는 대형 '병정개미', 잎을 자르거나 운반하는 중형 '잎 자르기 개미', 버섯 등을 가꾸는 소형 '시중 개미'가 있어요.

- 7mm(잎 자르기 개미)
- 중앙아메리카에서 남아메리카 북부
- 버섯

생물들의 사회

Q 왜 잎을 운반하나요?

A 먹이가 되는 버섯을 재배하기 위해서예요. 가위개미는 나뭇잎이나 꽃을 잘라 둥지로 운반해 넣고, 둥지 안에서 잘게 잘라 균을 심어요. 그러면 버섯이 자라서 이를 재배하여 먹이로 삼을 수 있어요.

가위개미의 둥지
중형 '잎 자르기 개미'가 잘라 낸 잎을 지면의 둥지에 운반해 넣어요. 이후 둥지 안에서 더욱 잘게 잎을 잘라요.

버섯 농장
소형 '시중 개미'가 먹이인 버섯을 관리해요.

데이터를 보는 법: ■크기 ■사는 곳 ■먹이

Q 몸에 잎을 자르기 위한 특징이 있나요?

A 잎을 잘라 내는 역할을 하는 '잎 자르기 개미'의 턱은 잎을 자르기에 딱 맞는 크기예요. 또한, 잎을 자를 때 떨어트리지 않도록 다리도 길어요.

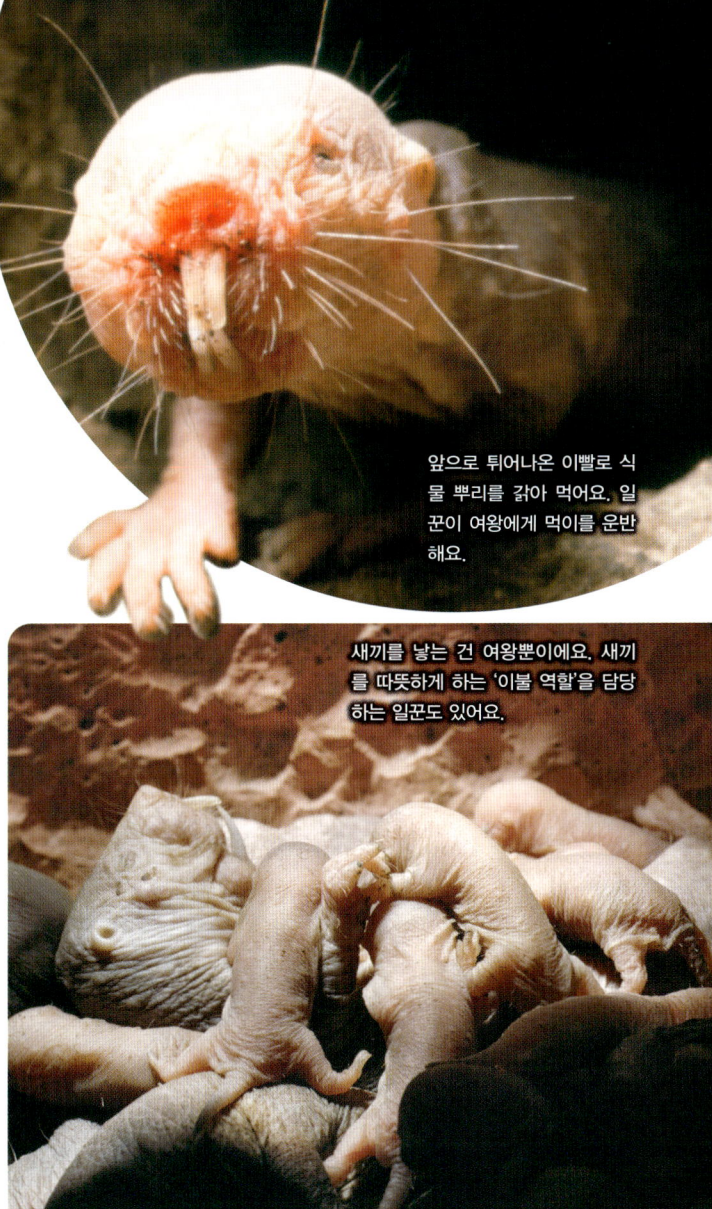

앞으로 튀어나온 이빨로 식물 뿌리를 갉아 먹어요. 일꾼이 여왕에게 먹이를 운반해요.

새끼를 낳는 건 여왕뿐이에요. 새끼를 따뜻하게 하는 '이불 역할'을 담당하는 일꾼도 있어요.

예리한 턱
큰 턱으로 잎을 잘라 내는 '잎 자르기 개미'. 다른 개미에 비해 머리가 큰 것은 턱을 움직이는 근육이 발달했기 때문이에요.

벌거숭이두더지쥐
아프리카 동부 사바나에 서식하고 있어요. 80마리 정도의 무리를 이루며, 지하에 터널을 파서 생활해요. 체모가 없으며 시력이 거의 없어요.
- 🟥 10cm 🟧 케냐, 소말리아 🟦 식물의 뿌리와 땅속줄기

Q 포유류 중에도 신기한 사회를 이루는 생물이 있나요?

A 진사회성 동물은 개미와 벌, 흰개미, 진딧물 등 곤충 이외에는 관찰된 바가 없어요. 하지만 아프리카에 서식하는 벌거숭이두더지쥐는 여왕, 왕, 일꾼, 병정이 있으며, 여왕만 새끼를 낳는 것으로 판명되어 진사회성 동물인 것이 확인되었어요. 진사회성인 포유류는 현재 벌거숭이두더지쥐와 다마랄랜드두더지쥐 두 종만이 확인되었어요.

그 구조에 비밀이!
야생의 건축 장인

우에다 박사의 포인트!

'어떻게 만들었을까?'라고 생각하게 되는 정교한 둥지, 올려다볼수록 거대한 개미의 둥지 등, 야생의 생물들은 놀랄 만한 건축 장인이에요. 도구도 사용하지 않고, 아무도 가르쳐 주지 않았는데도 척척 만들어 내죠. 도대체 왜 그들은 이런 건축물을 짓는 걸까요?

Q 왜 바구니 같은 둥지를 짓나요?

A 레서마스크드위버의 가장 큰 적은 뱀이에요. 그 뱀이 침입하기 어렵게 가느다란 나뭇가지 끝에 바구니 같은 둥지를 매달아 놓은 거예요. 또 암컷과의 결혼 여부는 둥지의 완성도에 달려 있어요. 잘 짓지 못했으면 암컷이 둥지를 부숴 버리기도 해요.

Q 왜 이렇게 커다란 둥지를 짓나요?

A 소셔블위버가 번식하는 시기는 추운 겨울이에요. 천적인 뱀이 활동하지 않을 때 새끼를 양육하려는 작전이죠. 하지만 겨울밤은 영하까지 기온이 떨어지기 때문에, 알이나 새끼가 추위로 죽을 가능성이 있어요. 그래서 수많은 새가 모여 둥지를 만듦으로써, 체온으로 둥지 전체를 따뜻하게 해 춥지 않도록 해요. 또 마른 풀로 지은 둥지는 열을 빼앗기지 않기 때문에 크면 클수록 추위에 강해요. 실제로 둥지 바깥의 온도가 5°C여도 둥지 안은 16~19°C를 유지한다는 데이터가 있어요.

둥지에 매달려 구애하는 수컷.

▲둥지의 재료를 운반하는 소셔블위버.

레서마스크드위버(Ploceus intermedius)
아프리카 사바나에 서식하는 작은 새예요. 나뭇가지에 매달린 바구니 같은 둥지를 지어요. 둥지를 만드는 건 수컷의 역할이에요. 사진 중앙의 새는 이제 막 둥지를 짓기 시작했어요.
●13cm ●아프리카 동부에서 남부 ●식물의 씨앗, 곤충

소셔블위버
아프리카에 서식하는 베짜는새류 새로, 떼베짜기새라고도 해요. 집단으로 마른 풀을 사용해 나무나 전신주에 거대한 둥지를 지어요. 둥지는 100년 이상 쓰이는 것도 있으며, 무게 때문에 나무가 쓰러지기도 해요.
●14cm ●아프리카 남부 ●식물의 씨앗, 곤충

야생의 건축 장인

흰개미
전 세계에 약 2,200종이 알려져 있어요. 개미라는 이름이 붙었지만, 바퀴벌레에 가까운 종이에요. 여왕, 왕, 병정개미, 일개미 등 역할이 나뉘어 있고 집단 사회생활을 해요. 먹이는 마른 나무나 풀, 유기물이 풍부한 흙 등으로, 자연계에서는 고목을 분해하는 등 귀중한 역할을 담당하고 있어요.

■ 전 세계　■ 마른 식물(셀룰로스)

개미탑의 표면
사진은 흰개미의 개미탑이에요. 흙과 흰개미의 타액으로 굳어서 만들어졌어요. 아주 단단해 간단히 부서지지 않아요. 무수한 구멍이 나 있어서 이곳으로 공기가 드나들어요. 흰개미뿐만 아니라 개미도 개미탑을 짓는 종이 있어요.

흰개미의 거대한 탑!

Q 흰개미를 먹는 동물이 있나요?

A 한 번에 여러 마리를 잡을 수 있고 영양도 풍부한 흰개미를 전문으로 먹는 동물은 많이 있어요. 대표적으로 남아메리카에 서식하는 큰개미핥기가 있으며, 길고 예리한 발톱으로 개미탑을 부수고 긴 혀로 흰개미를 핥아 먹어요. 또 아프리카에 서식하는 땅늑대라는 하이에나과 동물도 흰개미를 전문으로 먹으며, 하룻밤에 30만 마리를 먹는다고 해요.

흰개미를 먹는 큰개미핥기.

개미탑 안에서 재배하는 균류

어느 종의 개미탑 안에는 흰개미가 관리하는 균류가 자라고 있어요. 흰개미는 이 균류를 먹어서 뱃속에 넣고, 그대로는 소화할 수 없는 식물의 셀룰로스를 분해하는 데 도움을 받아요. 또 재배되는 균류는 개미탑 내부의 온도를 일정하게 유지하는 역할도 있어요.

개미탑의 내부

지면보다 깊은 부분의 개미탑 중심부에는 흰개미가 사는 거주 구역이 있으며, 온도는 항상 일정하게 유지되고 있어요. 그리고 중앙에는 여왕이 거주하는 방이 있어요.

개미탑의 단면도

개미탑의 내부는 작은 방 다수와 복잡하게 뒤얽힌 통로로 이루어져 있어요. 지하에도 펼쳐져 있으며 내부 온도는 일정하게 유지돼요. 지상에 나와 있는 부분은 크면 높이 5m에 달하기도 해요.

마음이 서로 통한다
커뮤니케이션

커뮤니케이션

우에다 박사의 포인트!

동물들은 서로 대화하고 있을까요? 지금까지 과학자들은 그 수수께끼를 밝히기 위해 여러 연구를 해 왔어요. 그 결과, 사람이 다른 사람과 정보를 주고받는 것과 마찬가지로, 동물도 서로 정보를 주고받는다는 사실을 알았죠. 울음소리나 춤 등의 몸짓, 냄새, 털 손질, 신체 접촉, 빛 등등 실로 다양한 방법으로 커뮤니케이션이 이루어지고 있었어요.

Q 어떻게 의사를 전달하나요?

A 아프리카코끼리는 듣고, 보고, 긁고, 만지는 방법으로 서로 대화하는 동물이에요. 그중에서도 목소리로 하는 커뮤니케이션이 발달했죠. 높은 소리부터 사람의 귀에는 들리지 않는 낮은 소리까지, 사람의 두 배에 달하는 음역이 넓은 소리를 내 정보를 전달하는 것으로 알려져 있어요. 어느 연구에 의하면 "출발하자.", "적이 있으니 조심해!" 등, 수십 가지에 달하는 목소리가 있다는 주장도 있어요. 또 코끼리가 내는 사람의 귀에 들리지 않는 초저주파는 아주 멀리까지 전달되는 성질이 있어요. 2km 떨어져 있던 코끼리가 반응했다는 실험 결과가 있고, 요건이 맞으면 10km 밖의 코끼리에게도 닿을 가능성이 있다고 해요.

아프리카코끼리
암컷을 중심으로 한 가족 단위로 무리를 지어 행동해요. 지능이 높은 동물로 여겨지며 다양한 방법으로 동료와 의사소통을 하는 것으로 알려져 있어요.
🟥 6~7.5m 🟧 아프리카 🟦 잎, 뿌리, 나무껍질, 풀, 열매

Q 코끼리가 해일을 피했다고요?

A 2004년, 인도네시아 수마트라섬 만에서 지진이 일어났을 때의 일이에요. 태국에 서식하는 아시아코끼리가 지진을 감지하고 해일이 도달하기 전에 도망쳤다는 이야기가 있어요. 코끼리의 다리 뒤편은 아주 민감해서 저주파를 감지할 수 있다고 해요. 지진으로 발생한 저주파를 감지한 코끼리가 이상을 느끼고 도망쳤다고 여겨져요.

소리를 이용한 커뮤니케이션

커뮤니케이션

Q 돌고래는 목소리로 의사소통을 하나요?

A 큰돌고래는 '퓨, 퓨' 하고 피리 소리처럼 들리는 '휘슬', '딸깍딸깍' 하고 들리는 '클릭', '갸아, 갸아' 하고 외치는 듯한 '버스트 펄스'의 세 가지 소리를 내요. 그중 휘슬은 의사소통을 하기 위해 쓰인다고 여겨져요. 휘슬은 개체에 따라 특징이 있어서 무리 중 누구의 목소리인지 알 수 있다고 해요.

큰돌고래

20~50마리 정도의 무리로 생활해요. 수족관의 돌고래 쇼 등에서 활약하고 있어요. ■2.4~3.8m
■전 세계의 따뜻한 바다
■물고기, 오징어

Q '딸깍딸깍' 소리는 어떤 의미를 지녔나요?

A 돌고래가 딸깍딸깍하고 내는 소리를 '클릭'이라고 해요. 사물의 위치나 모양을 소리만으로 파악하는 '반향정위'라는 기술을 쓸 때 사용하죠. 우선 '딸깍딸깍' 하고 콧구멍 안쪽에서 낸 소리를 머리에 있는 멜론에서 모아 증폭한 후, 조금씩 전방으로 쏴요. 그러면 사물에 부딪혀 반사된 소리가 돌고래의 턱뼈에 진동으로 전달되어, 전방에 있는 물체의 위치와 형태를 파악할 수 있죠. 반향정위를 사용하는 덕분에 돌고래는 탁한 물속에서도 먹잇감을 찾을 수 있어요. 반향정위는 박쥐 등도 사용해요.

멜론
반향정위에 쓰이기 위해 머리에 있는 지방질 기관이에요. 고래, 범고래에게도 같은 기관이 있어요.

데이터를 보는 법 : ■크기 ■사는 곳 ■먹이

구애의 커뮤니케이션
① 물건이나 둥지로 구애!

💗 물건으로 사랑을 전한다!

Q 왜 물고기를 주는 건가요?

A 수컷이 암컷에게 구애하기 위함이에요. 이 행동은 '구애급이'라고 불려요. 원래는 새끼에게 먹이를 주기 위한 행동이지만, 구애를 위한 의식으로 변화했다고 여겨져요. 구애급이는 다양한 새에게서 관찰되며, 때까치나 박새 등에게는 암컷에게 영양분을 주는 의미도 있어요.

물총새
물가에 서식하는 작은 새예요. 다이빙해서 물고기를 사냥하죠. 사진은 왼쪽의 수컷이 오른쪽의 암컷에게 사냥해 온 물고기를 선물하는 모습이에요. ●16cm ●한국, 일본, 유라시아, 동남아시아, 아프리카 ●물고기

💗 아름다운 둥지 만들기로 암컷에게 어필!

흰점박이복어
수컷은 암컷에게 어필하기 위해, 일주일 걸려 해저의 모래에 방사형 도랑을 파, 지름 2m에 달하기도 하는 산란을 위한 둥지를 만들어요. 수컷에게 구애받은 암컷은 둥지 중심에 알을 낳아요.
●10cm ●일본 아마미오섬 바다 ●갑각류, 조개

구애의 커뮤니케이션
2 춤으로 구애!

커뮤니케이션

💖 모양을 보여 준다!

구애의 춤 달인들!

공작거미 무리
약 90종이 알려져 있어요. 그중 수컷의 배 윗면에 화려한 모양이 있는 종이 있어요. 모양을 보여 주듯이 배를 세우고 흔들며 춤춰서 암컷에게 구애해요.
■ 4~5mm ■ 오스트레일리아 ■ 곤충

💖 장식 깃털을 펼친다!

어깨걸이극락조
뉴기니섬에 서식하는 극락조예요. 사진은 수컷으로, 장식 깃털을 펼쳐 춤을 추면서 암컷에게 구애해요.
■ 26cm ■ 뉴기니섬
■ 열매, 곤충

128 데이터를 보는 법 : ■크기 ■사는 곳 ■먹이

♥ 호흡을 맞춰 춤춘다

♥ 가슴을 부풀린다

산쑥들꿩
번식기가 되면 한 장소에 몇십 마리나 되는 수컷이 모여, 춤을 추며 암컷에게 구애해요. 가슴에 있는 공기로 부푸는 주머니를 풍선처럼 부풀리고 기묘한 소리를 내면서 춤춰요.
- 수컷 80cm, 암컷 50cm - 북아메리카 - 곤충, 식물의 잎

두루미
육아 시즌이 시작되기 전이 되면, 짝이 된 수컷과 암컷은 날개를 펼치면서 날아오르는 동작을 반복해요. 수컷과 암컷이 번식 타이밍을 맞추는 작용이 있다고 여겨져요.
- 145cm - 한국, 일본, 중국 동북부, 러시아 - 물고기, 곤충, 식물의 씨

구애의 커뮤니케이션
③ 그 밖의 방법으로 구애!

♥ 인사로 구애♥

♥ 물어서 구애♥

모래뱀상어
교미하기 전에 수컷과 암컷은 서로의 몸을 물어뜯는 습성이 있어요. 날카로운 이로 몸에 상처가 나지만, 며칠 지나면 나아요.
- 3m - 전 세계의 열대·온대 바다 - 물고기

황제펭귄
짝이 된 수컷과 암컷은 마주 보고 천천히 발돋움하거나, 머리를 아래로 향하고 인사를 하는 듯한 동작을 반복해서 구애해요.
- 112~115cm - 남극 대륙
- 물고기, 갑각류

생물들을 모방하다!
바이오미미크리

우에다 박사의 포인트!
생물의 뛰어난 몸 구조나 원리를 사람이 모방해 새로운 기술로서 받아들이는 행위를 '바이오미미크리(biomimicry)'라고 해요. 특히 최근에는 우리에게 친숙한 것들 사이에도 의외의 생물을 모방해 만들어진 것들이 있어요. 그중 몇 가지를 소개할게요.

물총새의 부리를 닮은 일본 신칸센 전동차
JR 서일본이 개발한 신칸센 500계 전동차의 선두 부분은 물에 뛰어드는 물총새의 부리 모양을 참고해 설계됐어요. 신칸센이 고속으로 터널에 진입하면, 반대편 출구로 눌린 공기가 나와서 거대한 소음이 발생하는 문제가 있어요. 물총새의 부리를 닮아 구부러진 모양은 공기 저항을 낮출 수 있어서 문제였던 소음을 줄일 수 있었어요.

Q 왜 생물을 모방하나요?
A 현재 생물이 가진 몸 구조와 원리는 긴 시간을 거쳐 더 나은 개체가 살아남은 결과예요. 이는 사람이 아무리 고민해도 고안할 수 없는 것투성이죠. 그래서 사람들은 자연의 뛰어난 부분을 배우고 연구하여, 자신들의 생활을 풍족하게 하는 기술을 만들어 냈어요.

거북복의 골격을 모방한 차
메르세데스 벤츠 바이오닉 자동차는 노랑거북복의 몸 구조를 모방해 제작된 차예요. 거북복은 사각형 상자 모양임에도 물의 저항이 적은 체형을 지녔어요. 이를 참고해 차의 실내 공간을 넓히면서도 공기 저항이 적은 디자인을 실현했죠. 또 거북복의 외골격을 흉내 내어 견고하고 가벼운 차체를 만들 수 있었어요.

▲메르세데스 벤츠 바이오닉 자동차는 최신 기술을 연구하기 위한 콘셉트 모델이에요.

◀노랑거북복은 육각형 판 모양의 뼈를 빈 틈없이 늘어놓은 구조(벌집 구조)인 옹골찬 뼈 갑각을 지녔어요.

거북복의 골격을 모방해 제작한 차체의 골조.

고양이의 혀를 모방한 청소기

이 사이클론식 청소기의 먼지 압축 블레이드는 고양이의 혀 구조를 모방해 만들어졌어요. 블레이드 표면에 고양이의 혀와 비슷한 수많은 가시 모양 돌기를 늘어놓는 것으로 먼지가 들러붙고 잘 압축되어서 쓰레기를 버리는 수고가 줄어들었어요.

▲샤프 청소기 'EC-VX500'.

◀고양이의 혀처럼 수많은 돌기가 늘어서 있어요.

▲먼지 압축 블레이드는 먼지 통 안에서 고속으로 회전해 먼지를 압축해요.

◀고양이의 혀 표면은 줄칼처럼 돼 있어서 몸의 털을 핥아 청소할 때 브러시와 유사한 기능을 해요. 비듬이나 떨어진 털을 얽어 몸을 청결하게 할 수 있어요.

거미의 실이 꿈의 신소재!?

거미의 실은 가볍고 견고한 것으로 알려져 있으며 피브로인이라는 단백질로 이루어졌어요. 거미의 실에서 힌트를 얻어, 일본의 회사가 뛰어난 여러 특징을 가진 단백질을 인공적으로 양산하는 기술을 개발했어요. 이 소재는 미생물에 의해 만들어지고, 원료에 석유를 사용하지 않으므로 환경에 좋은 꿈의 신소재로서 주목받고 있으며, 발매된 의류 외에 자동차, 비행기, 의료 등에도 응용하는 연구가 활발해요.

▶인공 단백질을 이용한 아웃도어 재킷 'MOON PARKA'.

거미는 몸 안에서 만든 단백질을 엉덩이로 내뿜어 실을 짜요. 강도가 아주 뛰어나다고 알려졌지만, 인공적으로 만들어 내는 것은 어렵다고 해요.

▲인공 단백질은 실뿐만이 아니라 여러 형태로 가공할 수 있어요.

바이오미미크리

◀레테노르모르포나비. 남아메리카에 서식하는 모르포나비예요. 모르포나비 중에서도 유독 선명한 파란색이 눈에 띄어요.

▶모르포나비의 인분에는 색소가 없어요. 몇 겹으로 포개진 미세 구조가 있고, 특정 빛을 반사하는 것 등으로 색이 보이는 원리예요. 이러한 색을 구조색이라고 해요.

모르포나비 날개의 반짝임을 모방한 양복

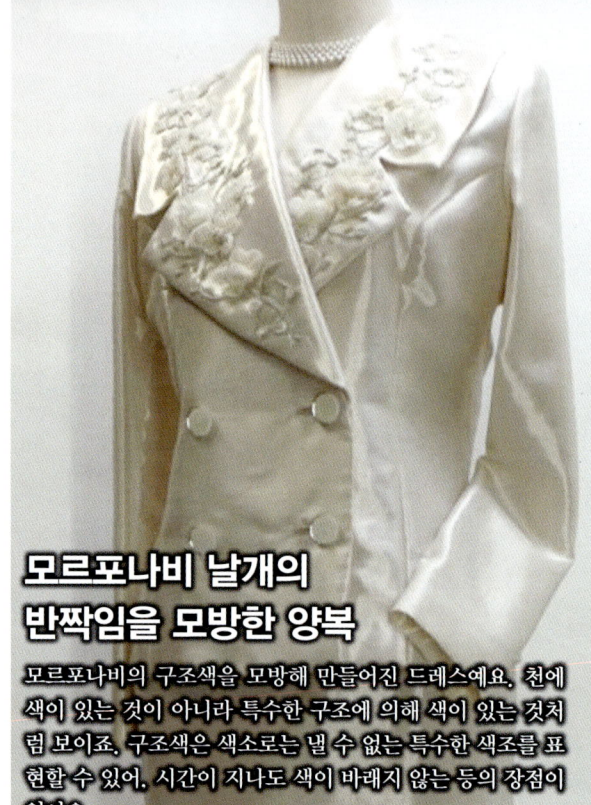

모르포나비의 구조색을 모방해 만들어진 드레스예요. 천에 색이 있는 것이 아니라 특수한 구조에 의해 색이 있는 것처럼 보이죠. 구조색은 색소로는 낼 수 없는 특수한 색조를 표현할 수 있어, 시간이 지나도 색이 바래지 않는 등의 장점이 있어요.

달팽이의 껍질처럼 자연스레 깨끗해지는 외벽

달팽이의 껍질은 청소하지 않아도 항상 깨끗하고 더러워지지 않아요. 껍질 표면에 아주 미세한 틈이 잔뜩 있고, 이곳에 물이 고여 얇은 막을 형성하므로 진흙 등이 잘 묻지 않죠. 이러한 달팽이 껍질의 구조를 모방한 벽이 개발됐어요. 청소하지 않아도 비에 의해 더러움이 잘 씻기는 벽으로, 건물 외벽 등에 쓰이고 있어요.

Q 달팽이의 껍질은 무엇으로 되어 있나요?

A 달팽이의 껍질은 탄산칼슘이라는 성분으로 이루어졌어요. 탄산칼슘은 석회암 등을 섭취함으로써 몸 안에 축적돼요. 콘크리트에서 달팽이가 자주 발견되는 이유는 이 탄산칼슘을 섭취하기 위해서예요.

왼쪽말린달팽이(일본명). 일본의 혼슈 북부와 그 주변 섬에 서식하고 있어요. 달팽이로서는 드물게 껍질이 왼쪽으로 말려 있어요.

◀전자 현미경으로 본 껍질 표면이에요. 자잘한 틈이 무수하게 있고, 그곳에 수분이 고여 껍질 표면을 얇은 수분의 막이 덮어요.

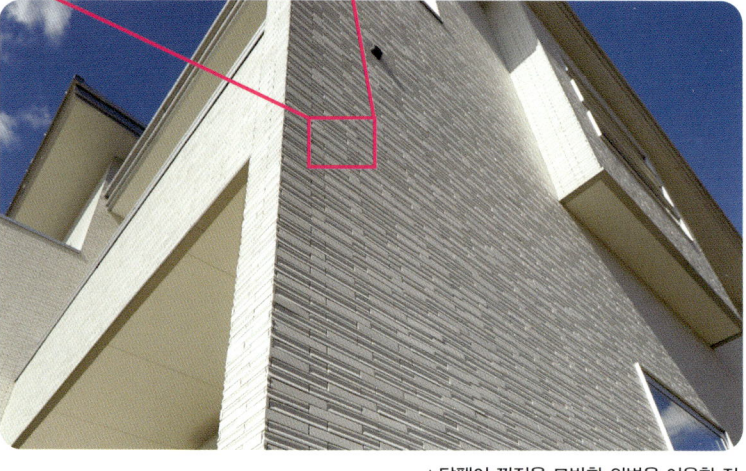

◀더러워지지 않는 외벽 표면에는 수분을 견디는 실리카 성분이 발려 있어서 얇은 수분의 막을 형성해요. 더러운 물질은 수분의 막 위에 떠 있다가 비가 오면 씻기는 구조예요.

▲달팽이 껍질을 모방한 외벽을 이용한 집.

▲연꽃잎.

연꽃잎의 전자 현미경 사진.

Q 왜 물을 튕겨 내나요?

A 연꽃잎의 표면은 아주 자잘한 요철이 많은 데다가 물을 튕겨 내는 왁스 성분으로 덮여 있어요. 그 때문에 공기층이 형성돼 물이 스며들지 않고 튕겨요.

도료가 튕겨 낸 물의 모습. 연꽃잎과 비슷하게 자잘한 요철이 있어 물을 튕겨요.

연꽃잎을 모방해 물을 튕기는 페인트

물가에 자라는 연꽃잎의 표면은 물을 아주 잘 튕겨 내어 더러워지지 않는 구조예요. 그러한 연꽃잎의 구조를 모방한 페인트가 개발되어 건물 외벽 등에 사용되고 있어요.

도마뱀붙이의 다리 뒤편을 모방한 접착테이프

도마뱀붙이는 매끈매끈한 유리에도 딱 달라붙어 올라갈 수 있어요. 도마뱀붙이의 다리 뒤편을 전자 현미경으로 보면 1㎠당 20억 개의 단백질 섬유가 빽빽이 나 있죠. 이 섬유의 끝부분은 더 잘게 나뉘어 벽과 유리 표면에 샅샅이 파고들어요. 빈틈없이 딱 달라붙으면 사물과 사물이 서로 끌어당기는 힘이 생겨, 도마뱀붙이는 어디든 붙을 수 있어요. 게코 테이프는 이러한 구조를 모방해 만든 것으로, 강력하게 붙지만, 간단히 떼어 낼 수 있는 성질을 가졌어요.

▲도마뱀붙이의 다리 뒤편. 가느다란 단백질 섬유가 여럿 나 있고 끝부분은 세세하게 갈라져 있어요.

게코 테이프의 표면. 나노 기술로 도마뱀붙이의 다리 뒤편처럼 자잘한 섬유가 빼곡하게 늘어서 있어요.

모습을 감춘 생물들

멸종 생물

👀 우에다 박사의 포인트!

멸종이란 지구상에서 생물의 한 종이 모습을 감추는 것을 말해요. 원인은 운석 충돌, 천적이나 경쟁 상대의 침입, 병 등 다양하지만, 1600년 이후로는 서식지 파괴, 외래종 도입, 남획 등 인간의 활동에 의한 것이 대부분이에요. 지구 상의 생물은 모두 이어져 있어요. 물론 인간도 예외가 아니에요.

일본늑대

일본 에도 시대(1603~1867)까지 혼슈, 시코쿠, 규슈의 산지에 서식했어요. 하지만 에도 시대 말기부터 메이지 시대(1867~1912) 초기에 걸쳐 개의 병이 옮거나 하여, 1905년에 일본 나라현에서 잡힌 수컷을 마지막으로 멸종된 것으로 여겨져요.

● 95~114cm ● 일본 ● 토끼, 사슴, 멧돼지 등의 포유류

Q 일본늑대는 정말 멸종했나요?

A 1905년을 마지막으로 과학적인 기록이 없어 멸종된 것으로 여겨져요. 하지만 현재도 일본늑대가 살아 있는지 찾아다니는 사람이 있어요. 또 일본 규슈나 사이타마현 등에서 목격, 촬영됐다는 보고도 있지만, 정말 일본늑대인지는 확인된 바가 없어요.

▲1996년, 일본 사이타마현의 임산 도로에서 촬영된 개과 동물이에요. 일본늑대와 매우 닮았다고 감정되었어요.

일본수달
예전에는 일본 홋카이도, 혼슈, 규슈, 시코쿠의 강과 해안가에 서식했어요. 하지만 모피를 얻기 위한 남획과 오염된 강, 서식 환경의 악화 등으로 인해 수가 줄었어요. 그리고 1979년에 시코쿠에서 사체가 발견된 것을 마지막으로 서식 정보가 없어, 환경부에서 2012년에 멸종을 선언했어요. 사진은 1979년에 일본 신조강에서 촬영된 마지막 일본수달이에요.

■64.5~82cm ■일본 ■물고기, 게, 새우

Q 태즈메이니아늑대는 왜 멸종했나요?

A 가축 양을 죽이는 해로운 짐승으로 여겨져 많은 수가 사람에 의해 죽었어요. 1888년 ~1909년에 태즈메이니아늑대 2,184마리가 죽은 기록이 있으며, 급속히 개체 수가 줄어 멸종했어요.

태즈메이니아늑대
오스트레일리아와 태즈메이니아섬에 서식하며 밤에 왈라비 등의 소형 포유류를 사냥한 것으로 추측돼요. 오스트레일리아에서는 3,000년 전에 멸종했고, 태즈메이니아섬에 서식해 왔지만 1936년에 동물원에서 사육하던 한 마리가 사망하고 멸종한 것으로 여겨져요.

■1~1.3m ■오스트레일리아, 태즈메이니아섬 ■소형 포유류, 새, 파충류

멸종 생물

하스트수리

펼친 날개의 길이가 3m에 달하는 사상 최대의 독수리류예요. 모아류를 사냥했었다고 여겨져요. 먹잇감인 모아의 멸종과 함께 하스트수리도 멸종해 버렸어요.
- ■ 뉴질랜드 ■ 모아류 등

자이언트모아

타조처럼 목이 길고 머리까지의 높이가 4m에 달하는 거대한 새예요. 1400년경까지 서식했지만, 사람의 수렵 때문에 멸종한 것으로 여겨져요.
- ●4m(머리까지의 높이)
- ■뉴질랜드
- ■식물의 잎·씨앗, 열매

멸종 위기에 처한 귀중한 생물

완전히 사라진 건 아니지만 멸종 직전까지 몰린 생물이 아주 많아요. 또, 한번 멸종한 것으로 여겨졌던 생물이 재발견되는 일도 있어요.

살쾡이

삵이라고도 해요. 일본의 경우 나가사키현 쓰시마섬에만 서식하는 야생 고양이류로 천연기념물, 멸종 위기종이에요. 측정 개체 수는 80~110마리로, 서식지의 파괴와 교통사고 등에 의해 수가 줄고 있어요. 또 반려묘의 병이 옮은 사례도 확인되어 새 위협이 되고 있어요.
- ●49~58cm ■한국, 일본 ■소동물, 새, 곤충

이리오모테살쾡이

1965년에 발견된 야생 고양이류예요. 일본의 특별 천연기념물이자 멸종 위기종이에요. 2008년에는 100마리 정도밖에 서식하지 않는 것으로 확인되어 멸종이 우려돼요. 교통사고에 의한 사망 사례가 사라지지 않고 있어요. ●70~90cm
- ■일본 이리오모테섬 ■소동물, 물고기, 곤충, 새우

데이터를 보는 법 : ●크기 ■사는 곳 ■먹이

Q 자이언트모아는 왜 멸종했나요?

A 자이언트모아는 사람에 의해 멸종했다고 추측돼요. 자이언트모아가 있던 뉴질랜드에는 10세기 전반에 마오리족이 들이닥쳐, 모아 무리를 사냥했던 것이 멸종으로 이어졌어요. 특히 자이언트모아의 거대한 알은 사람들에게 알맞은 음식이었어요. 거대 새류는 알을 빼앗기는 것으로 급속하게 수가 줄어 멸종한 거죠. 1700년대 후반 정도까지 모아류는 모두 멸종했다고 해요.

Q 타조보다 커다란 새가 있었나요?

A 마다가스카르섬에 서식했던 날지 못하는 새인 에피오르니스는 머리까지의 높이가 3m에 달할 정도로 거대했어요. 또 뉴질랜드에는 모아라고 불리는 타조를 닮은 새가 적어도 10종 서식했고, 그중 가장 큰 종이었던 자이언트모아는 머리까지의 높이가 4m에 달했다고 해요.

▶ 타조(왼쪽)보다 월등히 큰 자이언트모아(오른쪽)의 골격.

Q 가장 큰 사자는 뭔가요?

A 바바리사자가 가장 큰 아종이라고 알려져 있어요. 큰 수컷은 몸길이 4m, 몸무게 약 300kg이라고 해요. 이 아종은 사자 중에서도 가장 추운 지역에 서식하며, 거대한 몸과 풍부한 갈기는 추위에 적응한 것이라 여겨져요.

바바리사자의 핏줄을 이은 것으로 여겨지는 사자.

바바리사자

북아프리카 산악 지대에 서식했던 사자의 아종이에요. 거대한 몸집과 풍부한 갈기가 눈에 띄어요. 야생에서는 1920년대에 멸종했지만, 바바리사자로 보이는 개체가 모로코의 동물원에서 사육되고 있다고 알려졌어요. 또 유럽 각지의 동물원에도 바바리사자의 유전자를 지닌 개체가 사육되고 있으며, 순혈 종에 가까운 바바리사자를 부활시키려는 계획도 있다고 해요.
- 4m
- 북아프리카 산악 지대
- 바바리양 등의 대형 포유류

함께 생각하자!

생물들의 미래는?

우에다 박사의 포인트!

지구에는 지금 이 순간에도 사람에 의한 환경 변화 때문에 멸종해 가는 생물들이 있어요. 우리의 생활이 지구 온난화나 쓰레기 문제 등의 환경 변화를 일으켜, 사람을 포함한 생물 전체의 미래에 큰 영향을 주고 있는 거예요.

Q 왜 숲이 불타고 있나요?

A 모닥불, 담배, 벼락, 나무가 비벼지는 것 등을 원인으로 나무나 잎에 불이 붙어서 삼림 화재가 일어나기도 해요. 2019년에 오스트레일리아에서 발생한 삼림 화재는 비가 적게 오고 기온이 높다는 요건이 겹쳐져 1,000만 헥타르(약 10만 k㎡) 이상이나 계속 불타올랐어요. 그곳에 서식하고 있던 10억 마리 이상의 생물이 목숨을 잃었다고 여겨져요.

Q 일본 생물에도 영향이 있었나요?

A 큰꺅도요는 여름에는 일본에서 새끼를 기르고 겨울에는 오스트레일리아 동부에서 월동하는 새예요. 그 월동 장소가 삼림 화재에 의해 불타 버렸기 때문에, 일본 홋카이도에서 새끼를 기르는 큰꺅도요의 수가 원래의 3만 5,000마리에서 2만 마리까지 줄어 버린 것으로 추정돼요.

▶큰꺅도요는 전 세계에서 번식지가 일본과 러시아 사할린밖에 없는 귀중한 새예요. 일본 홋카이도가 최대 번식지예요.

▼2020년, 오스트레일리아의 삼림 화재에서 구조된 코알라.

▼북극권에 서식하는 북극곰. 얼음 위에서 물범 등을 사냥해 잡아먹어요. 얼음이 녹는 여름에는 사냥할 수가 없어서 아무것도 먹지 않는 상태가 이어져요.

Q 북극 얼음이 녹고 있나요?

A 추위가 심한 북극은 여름이어도 얼음이 녹지 않는 지역이 있지만, 2000년대에는 그 면적이 1980년대의 절반까지 줄었어요. 원인은 지구 온난화로 추정하고 있어요. 얼음이 없으면 먹잇감인 물범을 잡을 수가 없는 북극곰은 그 영향을 강하게 받아서, 이대로 가면 멸종하는 것이 아닐까 우려되고 있어요.

▲북극해 얼음의 분포를 나타낸 지도. 왼쪽이 1984년 9월, 오른쪽이 2019년 9월 데이터예요.

Q 생물들을 지키려면 어떻게 하죠?

A 제일 중요한 것은 자연과 생물에 관심을 가지는 거예요. 그리고 그 구조나 경과를 배우는 것도 필요해요. 또한, 평소 생활 속에서도 쓰레기가 되는 플라스틱 제품을 되도록 쓰지 않거나 환경에 좋은 제품을 고르는 등, 지구 환경에 나쁜 영향을 주지 않는 의식을 쭉 가지는 것이 중요해요.

▼바닷속의 플라스틱 쓰레기를 물고 있는 바다거북과의 대모거북이에요. 2018년 조사에서 해안에 올려지거나 하여 죽은 바다거북 102마리를 해부해 본 결과, 모든 바다거북의 내장에서 플라스틱 쓰레기가 발견되었어요. 쓰레기를 먹어서 오염 물질이나 바이러스가 체내에 들어갔을 가능성이 있다고 해요.

▼물고기를 잡는 데 쓰는 그물이 몸에 감겨 버린 남극물개.

색인

이 도감에 등장하는 생물의 이름과 키워드를 가나다순으로 정리했습니다.

가

가위개미	118,119
가지뿔영양	18
갈라파고스 제도	52
갈라파고스가마우지	53
갈라파고스강치	53
갈라파고스딱새	54
갈라파고스땅거북	55
갈라파고스매	54
갈라파고스이구아나	53
갈라파고스펭귄	53
갈라파고스핀치	55
갈라파고스흉내지빠귀	54
개맛	103
개미탑	122,123
개복치	29
거미	131
거삼나무	12
검은댕기해오라기	43
검은머리카푸친	48,49
고양이	131
공비단뱀	22
공작거미 무리	128
공작여치	71
관뿔매	42
구강포란(Mouth Brooding)	64
구애	127-129
구조색	132
그레이하운드	18,19
그린란드상어	85
그린앤블랙다트개구리	56
글로우웜(아라크노캄파 유충)	101
기간투라의 일종	뒷면지
기린	18,34
꼬리비녀극락조	61
꼬마흰어깨박쥐	뒷면지
꿀단지개미	116,117

나

나그네알바트로스	115
나일악어	35
날다람쥐	33
날치	31
남극물개	139
남방살오징어	30
남부세띠아르마딜로	21
남생이잎벌레 무리	79
넓은입카이만	66
넓은주둥이상어	84
네레이스웜	45
노랑거북복	130
노랑부리까마귀	99
눈표범	24,26
뉴칼레도니아까마귀	51

다

단풍나무의 씨앗	33
닭새우	80
대모거북	139
대문어	10
대보초청자고둥	40
대왕고래	11,88,115
대왕오징어	82,83
데이노코쿠스 라디오두란스	99
도마뱀붙이	133
동굴도롱뇽붙이	100
동아프리카페어	105
두건물범	73
두건피토휘	57
두루미	129
딱따구리핀치	55

라

라팔마유리개구리	78
레서마스크드위버	120, 121
레테노르모르포나비	132
리미카리스 카이레이	96

마

마귀상어	84
마른잎여치 무리	77
마왕낙엽사마귀	73
멍크쥐가오리	28
메가테리움	15
메갈로돈	14
멜론	126
모기	47
모래뱀상어	129
모잠비크스피팅코브라	58
무각거북고둥	80
물장군	40
물총고기	39
물총새	127, 130
뭉툭코여섯줄아가미상어	85
미국수리부엉이	72

바

바다이구아나	52
바다코끼리	107
바바리사자	137
바실리스크이구아나	60
바오바브나무	13
바이칼물범	115
바티노무스 기간테우스	87
반향정위	91, 101, 126
백상아리	14, 26, 89
밴디드죠피시	64
버블넷 피딩	41
버블팁아네모네	81
버지니아주머니쥐	63

벌거숭이두더지쥐	119
벌레잡이통풀 무리	43
범고래	88, 89
베록스시파카	25
베르크만 법칙	10
별코두더지	뒷면지
보르네오오랑우탄	51
복상어	67
봉구	117
부채머리수리	42
북극곰	10, 139
분홍이구아나	54
불개미거미	77
불곰	37
붉은사슴뿔버섯	59
붉은입술부치	54, 뒷면지
브라이드고래	114
블랙헤론	43
블랜포드날도마뱀	24, 32
비늘갯지렁이	44
비늘발고둥	97
비단뱀	22
빨강오징어	30, 31
빨판상어	62
뻐꾸기	67
뿔논병아리	67
뿔문어	63

사

사막메뚜기	108
사쓰마서관충	97
사와로선인장	12
사자	18, 22, 34, 36, 37
사탄나뭇잎꼬리도마뱀붙이	77
산갈치	87
산쑥들꿩	129
산호상어	106
살무사	40
살시빗살거미불가사리	109

살쾡이	136
서인도제도매너티	21
선인장핀치	55
선태식물의 포자체	47
세이셸야자의 씨앗	12
소셔블위버	121
순다날원숭이	24,33
스밀로돈	15
스파이크헤드여치	71
신카이아	96
신칸센 E5계	11
실러캔스	104,105
심해	82,96,109
심해개적구	97
심해이빨흑고기	87

아

아나콘다	11
아마조니아부채머리산적딱새	뒷면지
아마존빅토리아수련	13
아메리카독도마뱀	58
아모르포팔루스 티타눔	12
아시안개미사마귀	77
아프리카코끼리	9,10,18,23,35,124,125
악마꽃사마귀	뒷면지
악어거북	38
알소미트라마크로칼파의 씨앗	33
앙시에타사막도마뱀	99
어깨걸이극락조	128
여섯뿔가시거미	93
연꽃	133
열수 분출공	44,45,96,97
예쁜청개구리	뒷면지
오리너구리	57,104
오프리스 아피페라	76
와타세스랜턴피시	109
완보동물	94
왕캥거루	18,25
왕털갯지렁이	45

왼쪽말린달팽이	132
우유뱀	76
원숭이올빼미	90
월리스날개구리	32
유노하나게	97
유령해파리	98
유리망둑	80
유수역	97
유인 잠수 조사선 '심해 6500'	86
의태	74–77
이리오모테살쾡이	136
이집트대머리수리	49
인도가비알	22
인도왕뱀	20
일본꿀벌	117
일본늑대	134
일본수달	135
임팔라	27

자

자이언트라플레시아	13
자이언트모아	136,137
자이언트세쿼이아	12
자이언트웨타	10
작은개미핥기	70
잔점박이물범	114
장님동굴카라신	101
장수거북	11
전기뱀장어	68
전자 현미경	44,47,132
주름상어	102
줄리아귤빛독나비	46
줄무늬해마	65
중간땅핀치	55
중앙아메리카큰띠아놀	71
진화	52,55

차

찰스 다윈	52, 55
청복	59
청상아리	23
치타	16, 19
침팬지	50

카

카라칼	25, 27
칼리코테리움	14
커크작은영양	25
케이프호저	63
코끼리주둥이고기	69
코뿔새	23
코알라	138
코주부원숭이	25, 26
큰개미핥기	123
큰군함조	115
큰귀상어	112, 113
큰깍도요	138
큰날개매미충 무리	79
큰돌고래	126
큰땅핀치	55
큰살파	81
큰살파벌레	87
큰위흡혈박쥐	91
큰입멍게	87, 뒷면지
큰주머니청개구리	66
킹치타	16
킹펭귄	111

타

타란툴라	56
타조	18, 137
태즈메이니아늑대	135
태평양블랙드래곤피시	86
태평양전기가오리	69
토케이도마뱀붙이	63

토코투칸	20
투망거미 무리	92
투아타라	104
퉁소상어	84

파

파라다이스나무뱀	24, 33
파라비넬라 헤슬러리	96
파란선문어	59
펠리컨장어	86
폐어	105
플라티벨로돈	14
피그미해마	뒷면지
피브로인	131

하

하마	35
하마툼군대개미	111
하스트수리	136
향유고래	82, 83, 114
헤어리부시바이퍼	뒷면지
호랑이	37
호랑하늘소	76
호주상자해파리	59
호주푸른혀도마뱀	73
혹등고래	41
황금독화살개구리	57
황제펭귄	129
흉내문어	74
흰개미	122, 123
흰점박이복어	127
흰점찌르레기	111
히라타염통성게	19

[감수]
우에다 게이스케 릿쿄대학 명예 교수(이학 박사)

[집필]
시바타 요시히데

사토 타카코 (44-45)

[일러스트]
오카타 타다아키 (10, 50, 134-135)
카미무라 카즈키 (34, 36-37, 124-126)
가와사키 사토시 (14, 24-25)
코보리 후미히코 (134-135)
하시즈메 요시히로 (커버, 14-15, 29, 41, 68-69, 82-83, 88-89, 96-97, 109, 135, 136-137)
후쿠나가 요이치 (40)
마카베 아키오(16-17, 123)
미노와 요시타카 (42-43, 51, 57, 62, 114)
야나기사와 히데노리 (10-11, 14, 18-19, 31)

[장정]
기도코로 준+세키구치 신페이(JUN KIDOKORO DESIGN)

[본문 레이아웃]
아마노 히로카즈, 오루이 나오, 우에야마 미사(주식회사 DAI-ART PLANNING)

[편집]
미하시 타오, 후카야 후미, 사사지마 유스케(오피스 303)

[사진·그림]
특별 협력 : 아마나 이메지스 / 아프로 / Getty Images / SeaPics Japan / iStockphoto / PPS통신사

Tim Laman : 1, 128 / Barcroft Media : 8, 35 / 홋카이도대학 : 30-31 / Rian van Schalkwyk : 35 / 아사히 신문사 : 40 / Martin Oeggerli,supported by E & H Zgraggen,PTU. : 46 / 신에노시마 수족관 : 69 / NHK/NEP/DISCOVERY CHANNEL : 83 / JAMSTEC : 86, 96-97 / Kelvin Aitken : 102-103 / 국립극지연구소 : 112, 114 / 이와타 다카시 : 114 / 메르세데스 벤츠 일본 : 130 / 샤프 : 131 / 스파이버 : 131 / 미로토 : 132 / INAX/LIXIL : 132 / 야기 히로시 : 135 / 다카하시 세이치 : 135

[특별 협력]
사쿠라이 야스노리 (홋카이도대학 교수 / 30-31)
야마모토 쥰 (홋카이도대학 조교 / 30-31)
사토 가쓰후미 (도쿄대학 대기해양연구소 교수 / 112-115)
키노시타 치히로 (도쿄대학 대기해양연구소 특임연구원 / 112-115)
미타니 요코 (홋카이도대학 준교수 / 114)

<KODANSHA no Ugoku Zukan MOVE IKIMONO NO FUSHIGI>
© KODANSHA LTD. <2021>
All rights reserved.
Original Japanese edition published by KODANSHA LTD.
Korean translation rights arranged with KODANSHA LTD.
through Shinwon Agency Co.

이 책의 한국어판 저작권은 ㈜신원에이전시를 통해 저작권자와 독점 계약한 루덴스미디어㈜에 있습니다.
저작권법에 의하여 한국 내에서 보호를 받는 저작물이므로 무단 전재 및 복제를 금합니다.

[역자] 나정환
고려대학교 생명과학과를 졸업하고 서울대학교에서 뇌과학을 연구하고 있다. 일본 문화에 흥미를 느껴 자연스럽게 일본어를 공부하게 되었고, 우연한 기회를 통해 번역 일을 시작하게 되었다. 번역한 책으로는 『난 억울해요!』, 『난 진짜예요!』, 『깜짝 놀랄 심해 생물 백과』, 『깜짝 놀랄 독 생물 백과』, 『생물의 엄청난 집 도감』, 『깜짝 놀랄 별미 생물 백과』(코믹컴), 『움직이는 도감 MOVE 식물, 위험생물, 인체』(루덴스미디어) 등이 있다.

루덴스미디어
움직이는 도감
MOVE 생물의 불가사의

편저 고단샤
감수 우에다 게이스케
역자 나정환
찍은날 2023년 1월 5일 초판 1쇄
펴낸날 2023년 1월 10일 초판 1쇄
펴낸이 홍재철
편집 이호경
디자인 장지윤
마케팅 황기철·안소영
펴낸곳 루덴스미디어(주)
주소 경기도 고양시 일산동구 무궁화로 43-55, 604호(성우사카르타워)
홈페이지 http://www.ludensmedia.co.kr
전화 031)912-4292 | **팩스** 031)912-4294
등록 번호 제 396-3210000251002008000001호
등록 일자 2008년 1월 2일

ISBN 979-11-88406-82-1 74400
ISBN 979-11-88406-60-9(세트)

결함이 있는 책은 구입하신 곳에서 바꾸어 드립니다.
값은 뒤표지에 있습니다.

헤어리부시바이퍼
비늘이 곤두선 가시처럼 되어 있는 뱀이에요. 강력한 독을 가지고 있어요.
🔴 약 70cm 🔵 중앙아프리카

충격적!!

기간투라의 일종
심해에서 독자적인 진화를 이룬 눈을 가진 기간투라예요. 눈은 원통형이며 마치 망원경처럼 튀어나와 있어요.
🔵 전 세계의 열대역 심해

완벽하게 일체화 중!!

비늘이 뾰족뾰족!

재미있는 생물

피그미해마
성장해도 2cm 정도밖에 되지 않는 작은 해마류예요. 산호류 등으로 의태하고 살아가요.
🔴 2cm
🔵 일본, 서태평양, 인도양

붉은입술부치
지느러미를 이용해 해저를 걸어가듯 이동해요.
🔴 20cm 🔵 갈라파고스 제도나 에콰도르 해안

물고기 맞아!?

멋져!

아마조니아부채머리산적딱새
적을 위협할 때 목을 흔들면서 머리에 붙은 훌륭한 관모를 움직여요.
🔴 약 18cm 🔵 베네수엘라, 브라질(아마존)